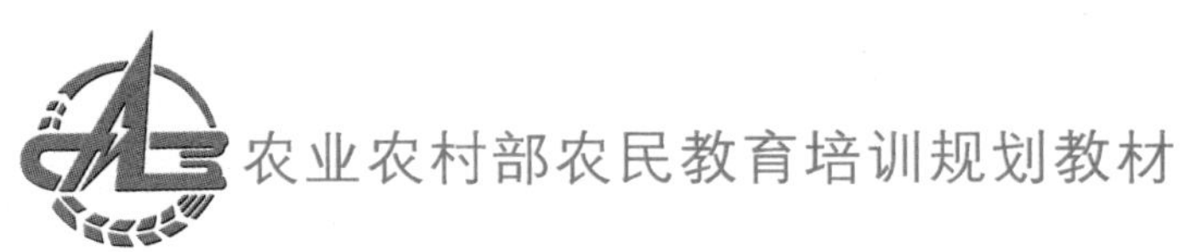

农业农村部农民教育培训规划教材

法律基础与农村法规

中央农业广播电视学校　组编

中国农业出版社

编审人员名单

编　　者　付丽洁　马三喜

审　　稿　张荣丽

指导教师　刘　凯　吕青青

■ 编写说明

实施乡村振兴战略，是以习近平同志为核心的党中央从党和国家事业全局出发、着眼于实现“两个一百年”奋斗目标、顺应亿万农民对美好生活的期待，做出的重大决策部署，是决胜全面建成小康社会、全面建设社会主义现代化国家的重大历史任务。要实现乡村振兴、产业兴旺、生态宜居、乡风文明、治理有效、生活富裕的总要求，迫切需要大力开展农民教育培训，大幅提升农民综合素质，大幅提升农民生产技能和经营管理水平以适应农业农村现代化要求。实践证明，教育培训是实施乡村人才振兴的关键环节和基础工作，是培养高素质现代农业生产经营队伍，促进农民增收的有效途径。为做好农民教育培训工作，保证质量，农业农村部对农民教育培训教材进行了整体规划，并委托中央农业广播电视学校组织编写了本套规划教材，供相关机构开展农民教育培训使用。

本套教材定位服务教育培训，强调理实结合、产教融合，突出实践性、针对性和时效性，在选题上立足现代农业发展和乡村全面振兴，选择农民教育培训所需的职业素养、政策法规、农业创业、经营管理、现代农业等通用知识和产业专业技能进行开发；在内容上针对不同类型农民特点和需求，突出从种到收、从生产决策到产品营销全过程所需掌握的农业生产技术和经营管理能力；在体例上打破传统学科知识体系，以农业生产过程为导向构建编写体系，围绕生产过程和生产环节进行编写，实现教学过程与生产过程对接；在形式上按模块化编排，双色印刷，图文并茂，通俗易懂，利于激发农民学习兴趣。

《法律基础与农村法规》是本套农民教育培训规划教材之一。本教材采用单元化编写形式。书中安排有正文、知识链接、案例和思考题等，具有较强的可读性。本教材由付丽洁、马三喜任主编，张荣丽审稿，由刘凯、吕青青担任指导教师，负责编写组织工作，并按照农民教育培训要求对教材进行审定。

本书难免存在疏漏之处，敬请广大读者批评指正。

中央农业广播电视学校

2019 年 6 月

目录

下篇 农村法规

上篇

法律基础

第一单元 宪法与村民自治法的基本规定

学习任务1 国家的根本制度

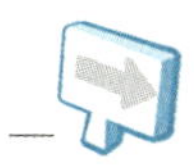

任务描述

《中华人民共和国宪法》（简称“宪法”）是我国的根本大法，其他一切法律都是根据宪法制定的。它规定了国家性质、国家的根本政治制度及基本经济制度，这是我们身为中国公民所必须掌握的。宪法由全国人民代表大会制定。

一、国家的性质

国家性质又称为国体。依照宪法规定，中华人民共和国是工人阶级领导的、以工农联盟为基础的人民民主专政国家。社会主义制度是中国的根本制度，禁止任何组织或者个人破坏社会主义制度。

党的十八大报告鲜明提出了坚定中国特色社会主义的道路自信、理论自信、制度自信。这三个自信是夺取中国特色社会主义新胜利的重要保障。坚定社会主义制度，是中国以宪法为立国之本的根本要求。

二、人民代表大会制度

宪法规定：中华人民共和国的一切权力属于人民。人民行使国家权力的机关是全国人民代表大会和地方各级人民代表大会。人民代表大会制度是我国的根本政治制度。社会主义民主的本质是人民当家做主。国家的一切权力属于人民，这是我国国家制度的核心内容和根本准则。人民代表大会制度是体现我国“一切权力属于人民”这一社会主义民主实质的根本制度，是人民行使国家权力的根本途径和形式，是人民把国家的、民族的和自己的命运最终掌握在自己手中，维护人民根本利益的可靠保证。

人民代表大会制度与选举制度紧密联系，我国选举制度实行以下原则：

（1）选举权的普遍原则。即凡年满 18 周岁的中国公民，不分民族、种族、性别、职业、社会出身、宗教信仰、教育程度、财产状况和居住期限，除依法被剥夺政治权利的人外，一律享有选举权和被选举权。

（2）选举的平等原则。一切公民都以平等的地位参加选举，每个公民在一次投票中只有一个投票权。

（3）直接选举和间接选举并用的原则。直接选举是指由公民投票直接选出候选人；间接选举是指由公民选出代表，再由代表选举候选人。我国不设区的市、市辖区、乡、民族乡、镇以及县、自治县人大代表实行直接选举；县级以上各级人大代表实行间接选举。

（4）秘密投票原则。

（5）差额选举原则。即候选人的人数多于应选的人数。

三、基本经济制度

宪法关于经济制度的规定，主要包括一国的生产资料所有制的性质和形式、社会生产的性质和手段、国家对国民经济的管理方法、生产资料的经营形式、生产资料的分配形式等规范国家的经济生活的制度的总和。其主要规定为：

（一）国家经济制度的基础

我国实行生产资料的社会主义公有制，即全民所有制和劳动群众集体所有制。

在社会主义初级阶段，坚持公有制为主体、多种所有制经济共同发展的基本经济制度，坚持按劳分配为主体、多种分配方式并存的分配制度。

国有经济，即社会主义全民所有制经济，是国民经济中的主导力量。

（二）农村的经济制度

农村集体经济组织实行家庭承包经营为基础、统分结合的双层经营体制。农村中的生产、供销、信用、消费等各种形式的合作经济，是社会主义劳动群众集体所有制经济。参加农村集体经济组织的劳动者，有权在法律规定的范围内经营自留地、自留山、家庭副业和饲养自留畜。

（三）自然资源的所有权归属和利用

宪法规定，矿藏、水流、森林、山岭、草原、荒地、滩涂等自然资源，都属于国家所有，即全民所有；由法律规定属于集体所有的森林和山岭、草原、荒地、滩涂除外。

国家保障自然资源的合理利用，保护珍贵的动物和植物。禁止任何组织或者个人用任何手段侵占或者破坏自然资源。

（四）土地所有权归属和利用

宪法规定，城市的土地属于国家所有。农村和城市郊区的土地，除由法律规定属于国家所有的以外，属于集体所有；宅基地和自留地、自留山，也属于集体所有。

国家为了公共利益的需要，可以依照法律规定对土地实行征收或者征用并给予补偿。任何组织或者个人不得侵占、买卖或者以其他形式非法转让土地。土地的使用权可以依照法律的规定转让。一切使用土地的组织和个人必须合理地利用土地。

学习任务2　公民基本权利与义务

任务描述

作为公民我们享有哪些权利？如何判断权利是否受到了侵害？同时我们又应当履行哪些义务？学习本节内容，我们就会知晓这些问题的答案。

一、公民的基本权利

我国公民的基本权利有：

（1）政治权利和自由，具体有：

① 年满十八周岁的公民，不分民族、种族、性别、职业、家庭出身、宗教信仰、教育程度、财产状况、居住期限，都有选举权和被选举权。

② 言论、出版、集会、结社、游行、示威的自由。

（2）宗教信仰自由：每个公民都有信仰宗教的自由，也有不信仰宗教的自由。但是，邪教不属于宗教，应予取缔，也不得信仰。

（3）人身自由权，包括：

① 人身自由不受侵犯。任何公民，非经人民检察院批准或者决定或者人民法院决定，并由公安机关执行，不受逮捕。禁止非法拘禁和以其他方法非法剥夺或者限制公民的人身自由，禁止非法搜查公民的身体。

② 人格尊严不受侵犯。禁止用任何方法对公民进行侮辱、诽谤和诬告陷害。

③ 住宅不受侵犯。禁止非法搜查或者非法侵入公民的住宅。

④ 通信自由和通信秘密受法律保护。除因国家安全或者追查刑事犯罪的需要，由公安机关或者检察机关依照法律规定的程序对通信进行检查外，任何组织或者个人不得以任何理由侵犯公民的通信自由

和通信秘密。

（4）批评、建议权，检举、控告权，申诉权和取得赔偿权。

（5）社会经济权利，包括：

① 劳动的权利。

② 劳动者的休息权利。

③ 公民合法财产所有权。

④ 退休和老、疾、残等人员获得物质帮助和生活保障权。

（6）文化教育权利。公民有受教育的权利；有进行科研、文艺创作和其他文化活动的自由。

（7）保护妇女的权利和利益。妇女在政治、经济、文化、社会和家庭生活等方面与男子享有平等的权利。

（8）国家保护婚姻、家庭、母亲、儿童和老人。

（9）华侨的正当权利和利益受国家保护。

二、公民的基本义务

公民的基本义务包括：

（1）维护国家统一和各民族团结。

（2）遵守宪法和法律。

（3）维护祖国安全、荣誉和利益。

（4）依法服兵役和参加民兵组织。

（5）依法纳税。

学习任务3　村民自治法律制度

任务描述

《中华人民共和国村民委员会自治法》（简称《村民委员会自治法》）与村民利益息息相关，它告诉我们：如何保障村民实行自治，

办理自己的事情；如何行使选举和罢免村干部的权利；村委会可以行使哪些职权？如何接受村民的监督？哪些重大事项必须由村民会议或村民代表会议决定。

一、村民自治法律制度概述

1998年11月全国人民代表大会常务委员会通过了《村民委员会自治法》，并且于2010年10月进行了修订。《村民委员会自治法》的宗旨是：保障农村村民实行自治，由村民依法办理自己的事情，发展农村基层民主，维护村民的合法权益，促进社会主义新农村建设。

在民主选举中，通过无记名投票的直接选举，把选举产生和罢免村干部的权利，真正交到了广大农民群众手中，实现了农民选举上的自主权；在民主决策中，广大农民和村干部一起讨论决定涉及村民利益的大事，实现了农民群众对重大村务的决策权；在民主管理中，让村民直接参与和管理村内事务，实现了农民群众对日常村务的参与权；在民主监督中，实行村务公开，农民有权监督村委会工作和村干部的行为，实现了农民群众的知情权和评议权。

二、村民委员会的地位、设立和职责

（一）村民委员会的地位

村民自治是广大农民直接行使民主权利，依法办理自己的事情，实行自我管理、自我教育、自我服务的一项基本制度。村民委员会是村民自我管理、自我教育、自我服务的基层群众性自治组织。村民自治制度的基本内容和核心，是“四个民主”，实行民主选举、民主决策、民主管理、民主监督。

村民委员会办理本村的公共事务和公益事业，调解民间纠纷，协助维护社会治安，向人民政府反映村民的意见、要求和提出建议。

村民委员会向村民会议、村民代表会议负责并报告工作。

（二）村民委员会的设立

村民委员会根据村民居住状况、人口多少，按照便于群众自治、有利于经济发展和社会管理的原则设立。村民委员会的设立、撤销、范围调整，由乡、民族乡、镇的人民政府提出，经村民会议讨论同意，报县级人民政府批准。

村民委员会可以根据村民居住状况、集体土地所有权关系等分设若干村民小组。中国共产党在农村的基层组织，按照《中国共产党章程》进行工作，发挥领导核心作用，领导和支持村民委员会行使职权；依照宪法和法律，支持和保障村民开展自治活动、直接行使民主权利。

乡、民族乡、镇的人民政府对村民委员会的工作给予指导、支持和帮助，但是不得干预依法属于村民自治范围内的事项。村民委员会协助乡、民族乡、镇的人民政府开展工作。

（三）村民委员会的组成

村民委员会由主任、副主任和委员共3～7人组成。

村民委员会成员中，应当有妇女成员，多民族村民居住的村应当有人数较少民族的成员。

根据工作情况，对村民委员会成员给予适当补贴。

村民委员会根据需要设人民调解、治安保卫、公共卫生与计划生育等委员会。村民委员会成员可以兼任下属委员会的成员。人口少的村的村民委员会可以不设下属委员会，由村民委员会成员分工负责人民调解、治安保卫、公共卫生与计划生育等工作。

（四）村民委员会的职责

1. 促进农村生产建设和经济发展责任 村民委员会应当支持和组织村民依法发展各种形式的合作经济和其他经济，承担本村生产的服务和协调工作，促进农村生产建设和经济发展。

2. 保护和改善农村生态环境责任 村民委员会依照法律规定，

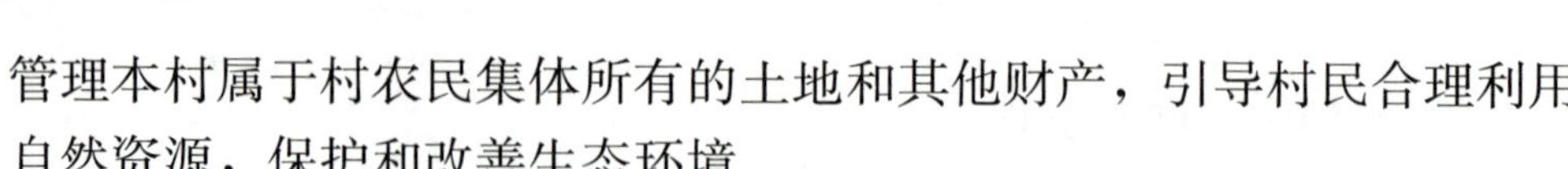

管理本村属于村农民集体所有的土地和其他财产，引导村民合理利用自然资源，保护和改善生态环境。

3. 保障农村集体经济和村民合法权益责任 村民委员会应当尊重并支持集体经济组织依法独立进行经济活动的自主权，维护以家庭承包经营为基础、统分结合的双层经营体制，保障集体经济组织和村民、承包经营户、联户或者合伙的合法财产权和其他合法权益。

4. 法制宣传和促进农村精神文明建设责任 村民委员会应当宣传宪法、法律、法规和国家的政策，教育和推动村民履行法律规定的义务、爱护公共财产，维护村民的合法权益，发展文化教育，普及科技知识，促进男女平等，做好计划生育工作，促进村与村之间的团结、互助，开展多种形式的社会主义精神文明建设活动。

5. 推动农村社区建设和促进村民团结互助的责任 村民委员会应当支持服务性、公益性、互助性社会组织依法开展活动，推动农村社区建设。多民族村民居住的村，村民委员会应当教育和引导各民族村民增进团结、互相尊重、互相帮助。

6. 带头守法守纪、接受村民监督责任 村民委员会及其成员应当遵守宪法、法律、法规和国家的政策，遵守并组织实施村民自治章程、村规民约，执行村民会议、村民代表会议的决定、决议，办事公道，廉洁奉公，热心为村民服务，接受村民监督。

（五）村民委员会（以下简称村委会）选举

案例 1－1

村委会选举过程中的“流动票箱”是否合法？

某村村委会选举。许多村民认为现任村主任赵某不为老百姓办实事，希望能选举出新的村主任为村民主持公道。但选举开始后，选举委员会决定将全村分 5 个组进行分组投票，最后由选举委员会工作人员统一进行票数审核，而村民们对此做法强烈不满。他们担心，这种“流动票箱”的做法会损害自己的选举权，因为以往曾出现过选举委员会的人挨家挨户进行海选、但出门就将村民的选票撕了丢在沟里的情况。这一次村民们要求召开全村村民大会，当着全村人的面进行审核，来选出新的村委会领导。那么，这种“流动票箱”的选举方式到底合不合法呢？

评 析

根据村民委员会组织法规定，选举村民委员会，由登记参加选举的村民直接提名候选人。候选人的名额应当多于应选名额。村民选举委员会应当组织候选人与村民见面，由候选人介绍履行职责的设想，回答村民提出的问题。法律上对选举的有关程序作了具体的规定，但村委会换届选举设置流动票箱的做法法律上并没有禁止。这种“流动票箱”前几年就在全国许多省、直辖市实行，村民既享受了自己的合法权利，又不耽误家里忙活的事。

本案中导致村民不满的关键是另外一个问题，即村民担心出现欺骗、贿赂、伪造选票、虚报选举票数等不正当手段操纵选举。对此法律规定：对以暴力、威胁、欺骗、贿赂、伪造选票、虚报选举票数等不正当手段，当选村民委员会成员的，当选无效。采取上述不正当手段，妨害村民行使选举权、被选举权，破坏村民委员会选举的行为，村民有权向乡、民族乡、镇的人民代表大会和人民政府，或者县级人民代表大会常务委员会和人民政府及其有关主管部门举报，由乡级或者县级人民政府负责调查并依法处理。

关于村民委员会的选举，村民自治法规定如下：

1. 村民委员会的组成　村民委员会主任、副主任和委员，由村民直接选举产生。任何组织或者个人不得指定、委派或者撤换村民委员会成员。村民委员会每届任期三年，届满应当及时举行换届选举。村民委员会成员可以连选连任。

2. 选举方式　选举村民委员会，由登记参加选举的村民直接提名候选人。村民提名候选人，应当从全体村民利益出发，推荐奉公守法、品行良好、公道正派、热心公益、具有一定文化水平和工作能力的村民为候选人。候选人的名额应当多于应选名额。村民选举委员会应当组织候选人与村民见面，由候选人介绍履行职责的设想，回答村民提出的问题。

选举村民委员会，有登记参加选举的村民过半数投票，选举有效；候选人获得参加投票的村民过半数的选票，始得当选。当选人数不足应选名额的，不足的名额另行选举。另行选举的，第一次投票未当选的人员得票多的为候选人，候选人以得票多的当选，但是所得票数不得少于已投选票总数的三分之一。

选举实行无记名投票、公开计票的方法，选举结果应当当场公布。选举时，应当设立秘密写票处。登记参加选举的村民，选举期间外出不能参加投票的，可以书面委托本村有选举权的近亲属代为投票。村民选举委员会应当公布委托人和受委托人的名单。

具体选举办法由省、自治区、直辖市的人民代表大会常务委员会规定。

（六）村委会的村务公开制度

村民委员会实行村务公开制度。村民委员会应当及时公布下列事项，接受村民的监督：

（1）依法由村民会议、村民代表会议讨论决定的事项及其实施情况。

（2）国家计划生育政策的落实方案。

（3）政府拨付和接受社会捐赠的救灾救助、补贴补助等资金、物资的管理使用情况。

（4）村民委员会协助人民政府开展工作的情况。

（5）涉及本村村民利益，村民普遍关心的其他事项。

上述规定事项中，一般事项至少每季度公布一次；集体财务往来较多的，财务收支情况应当每月公布一次；涉及村民利益的重大事项应当随时公布。

村民委员会应当保证所公布事项的真实性，并接受村民的查询。

村民委员会不及时公布应当公布的事项或者公布的事项不真实的，村民有权向乡、民族乡、镇的人民政府或者县级人民政府及其有关主管部门反映，有关人民政府或者主管部门应当负责调查核实，责令依法公布；经查证确有违法行为的，有关人员应当依法承担责任。

三、村民会议与村民代表会议的职权

为落实民主决策制度，涉及村民重大利益的事项必须由村民会议或村民代表会议决定。

（一）村民会议讨论决定的事项

下列事项，须经村民会议讨论决定方可办理：

（1）本村享受误工补贴的人员及补贴标准。

（2）从村集体经济所得收益的使用。

（3）本村公益事业的兴办和筹资筹劳方案及建设承包方案。

（4）土地承包经营方案。

（5）村集体经济项目的立项、承包方案。

（6）宅基地的使用方案。

（7）征地补偿费的使用、分配方案。

（8）以借贷、租赁或者其他方式处分村集体财产。

（9）村民会议认为应当由村民会议讨论决定的涉及村民利益的其他事项。

村民会议可以授权村民代表会议讨论决定前款规定的事项。法律对讨论决定村集体经济组织财产和成员权益的事项另有规定的，依照其规定。

（二）村民代表会议

人数较多或者居住分散的村，可以设立村民代表会议，讨论决定村民会议授权的事项。村民代表会议由村民委员会成员和村民代表组成，村民代表应当占村民代表会议组成人员的4/5以上，妇女村民代表应当占村民代表会议组成人员的1/3以上。

村民代表由村民按每5～15户推选1人，或者由各村民小组推选若干人。村民代表的任期与村民委员会的任期相同。村民代表可以连选连任。

村民代表应当向其推选户或者村民小组负责，接受村民监督。

村民代表会议由村民委员会召集。村民代表会议每季度召开一次。有1/5以上的村民代表提议，应当召集村民代表会议。村民代表会议有2/3以上的组成人员参加方可召开，所作决定应当经到会人员的过半数同意。

四、村民合法权益受到侵害的救济

案例 1－2

某村民听说省里下发给本村一笔扶贫资金，共计30万元，但村民们一直被蒙在鼓里，既没有村干部向他们传达省里对扶贫款使用的规定办法，更没有人将扶贫款落实发放给村民。听说村委会开会决定将这笔资金用于行政经费和补发工资，村民们很愤慨，但不知如何去维护自己的权益？

评 析

这是一起村委会的决定侵犯村民合法权益的事件。扶贫款的使用应严格按照相应的条件执行，在程序上也需要严格按规定办理。如果村委会违背规定的条件和程序，擅自作出决定处理相应的扶贫款，侵害村民的合法权益，村民们可以申请人民法院予以撤销村委会的决定。

《村民委员会自治法》第三十六条规定：村民委员会或者村民委员会成员作出的决定侵害村民合法权益的，受侵害的村民可以申请人民法院予以撤销，责任人依法承担法律责任。村民委员会不依照法律、法规的规定履行法定义务的，由乡、民族乡、镇的人民政府责令改正。

单元小结

宪法是一个国家的根本大法。它集中体现统治阶级的意志和利益，规定国家根本制度，规定公民的基本权利和义务，具有最高的法律效力。

《村民委员会自治法》是根据宪法制定，保障村民实行自治，由村民依法办理自己事情、维护自身权益的法律依据。在村民自治制度中，对村民委员会的地位、设立、组成、职责有明确的规定，规定了村民如何选举村委会，村民会议与村民代表会议各自按规定有自己的职权范围，如果村民合法权益受到侵害也有明确的救济途径。

复习思考题

1. 我国的国家性质是什么？
2. 我国的选举制度实行哪些原则？
3. 我国农村的经济制度是什么？
4. 宪法规定的公民基本权利与义务是什么？
5. 村民委员会的职责是什么？
6. 村民会议与村民代表会议的职权是什么？
7. 村民合法权益受到村委会侵害时如何处理？

第二单元 犯罪及其法律后果

学习任务1 犯罪及其法律后果

任务描述

日常生活中我们会碰到各种各样的违法现象，当自己的合法权益受到犯罪侵害时，应当如何去追究侵害人的刑事责任？又应当如何避免因自己的法盲行为而承担刑事法律制裁？违法行为与犯罪行为到底有什么区别？一旦构成犯罪将面临什么样的法律后果？

案例2-1

农民黄某为了谋取非法利益，用毒鼠药毒死他人的猪，再以低价收购，运到邻县出售。黄某买了鼠药，选择好作案地点，趁人不备时投放毒药。在十几天内先后有十余户农民的猪被毒死。然后黄某将低价收购的死猪肉送到肉食加工厂销售。最后一次作案时被抓获。当地县人民法院经审理判处黄某有期徒刑5年。

评析

人民法院是依照《中华人民共和国刑法》（简称“刑法”）的规定对这个案件做出判决的，黄某构成投放危险物质罪，属于严重危害公共安全的行为。

所谓刑法，是指规定什么行为是犯罪以及对犯罪行为如何处罚的法律。当日常生活中发生了杀人、盗窃、投毒、强奸等犯罪案件时，想知道如何处理，就应当到刑法的规定中找答案。刑法既规定什么是犯罪行为，也规定了对犯罪行为如何处罚。刑法与其他法律相比，一个显著的特征就是刑罚制裁手段最严厉。刑罚轻则限制、剥夺人的自由，重则可以剥夺人的生命。

一、犯罪与违法行为的区别

犯罪是刑法明文规定应受刑罚惩罚的行为。犯罪行为具有三个特征：

1. 犯罪具有社会危害性 任何一种犯罪行为，都侵犯了一定的社会利益，如放火罪危害了公共安全，抢劫罪侵犯了人身和财产安全，杀人罪侵犯了他人的生命权利。

2. 犯罪是触犯刑法的行为 我国刑法实行罪刑法定的原则，只有刑法明文规定的行为，才可能构成犯罪；如果一个人的行为虽然对社会有危害，但刑法并未对其加以规定，也不能按犯罪行为予以处罚。

3. 犯罪是应受刑罚惩罚的行为 违法行为社会危害性轻重有别，对于严重危害社会的行为，达到了需由刑罚惩罚的程度，才构成犯罪。

理解刑法所规定的犯罪概念时，要注意区分违法与犯罪的不同。法律有很多，但是违反了法律并不一定都构成犯罪。如偷盗邻里的鸡，因数额较小即不构成犯罪。再如甲乙两家因宅基地纠纷而相互殴打起来，结果造成一方轻微伤害。因伤情尚未达到一定的严重程度，这种行为也属于违法，但不构成犯罪。这种违法但不构成犯罪的行为需要承担法律责任，但是不按犯罪处理来承担刑事处罚，应按其他法律法规的规定予以行政处罚或追究民事责任。

二、犯罪成立的条件

案例 2－2

村民甘某丢失了摩托车和手机后，调查发现是邻居小鹏拿走了自己的手机。小鹏承认自己在甘某处见手机挺新鲜，便拿回了自己家中玩，但对摩托车的事自己一点不知道。而甘某一口认定摩托车也是小鹏偷走的，并找到小鹏的父亲要求赔偿。小鹏的父亲不相信儿子偷了摩托车，但怕儿子拿手机的事传出去，造成不良影响，被迫赔偿甘某数千元，私了此事。此后小鹏父亲又托人调查，最后终于找到了真正偷摩托车的人，甘某与偷车人再次私了，要求其对自己的损失给予了赔偿。不料一年之后，此事被公安机关发现，结果甘某因敲诈勒索被判刑，偷车人因盗窃被判刑。当地村民们对公安机关的举动大惑不解，为什么老百姓自己私了解决了一年多的案件，公安机关还要追查呢？

评　析

这就涉及犯罪行为不仅侵害了公民个人利益，还破坏了整个社会的秩序，所以不能由当事人私了解决。在判断一个行为是否构成犯罪时，通常要用具体的标准来衡量，这里的标准就是犯罪要具备哪些条件才能成立。

刑法规定犯罪成立的条件包括以下四个方面：

1. 犯罪主体　刑法规定公民作为犯罪主体必须达到了法定的刑事责任年龄、具有刑事责任能力。

案例 2－3

某地两名少年在一网吧因与服务人员发生争执而起意报复，放火焚烧网吧，造成数人死伤和重大财产损失的严重后果。

评析

能否追究两名少年的刑事责任，查明其放火时是否已年满14周岁具有决定意义。如果作案时少年已满14周岁，则应追究其放火罪的刑事责任；如果未满14周岁，虽然其行为后果严重，也不能予以刑罚处罚。

我国刑法关于刑事责任年龄的具体规定如下：

（1）已满16周岁的人犯罪，应当负刑事责任。

（2）已满14周岁不满16周岁的人，犯故意杀人、故意伤害致人重伤或者死亡、强奸、抢劫、贩卖毒品、放火、爆炸、投毒罪的，应当负刑事责任。

（3）已满14周岁不满18周岁的人犯罪，应当从轻或者减轻处罚。

（4）因不满16周岁不予处刑事处罚的，责令他的家长或者监护人加以管教，在必要的时候，也可以由政府收容教养。

（5）已满75周岁的人故意犯罪的，可以从轻或者减轻处罚；过失犯罪的，应当从轻或者减轻处罚。

另外刑法还规定：行为人必须具有辨认和控制自己行为的能力。如精神病人在不能辨认或者不能控制自己行为的时候造成危害结果，经法定程序鉴定确认的，不负刑事责任，但是应当责令他的家属或者监护人严加看管；在必要的时候，由政府强制医疗。

2. 犯罪客体　犯罪客体指刑法所保护的被犯罪活动侵害的社会利益，它揭示出犯罪，不仅仅是犯罪人与被害人之间的矛盾，而是犯罪人与国家、社会、人民利益的冲突。它告诉我们，犯罪不简单是犯罪人与被害人的私事，犯罪分子必须依法承担刑事责任，所以，受害人无权与犯罪人私了。

3. 犯罪主观方面

案例2-4

15岁的中学生王某放学骑自行车回家，经过一坡路时，因车速过快，

撞伤村民池某，王某自己也从车上摔下。王某摔倒后又压在池某身上。王某迅速起身并抱扶池某，因抱不动便向他人呼救。但池某后脑受外部强力震动致脑颅损伤，经医院抢救无效死亡。此案造成了严重后果，应不应该追究王某的刑事责任呢？

评 析

处理这个案件，既涉及犯罪成立条件中犯罪主体刑事责任年龄的问题，也涉及犯罪主观方面的问题。前面已经讲述，已满 14 周岁不满 16 周岁的人，只对部分犯罪行为承担刑事责任，其中包括故意杀人，但不包括过失致人死亡。王某的年龄是 15 周岁，如果他致池某死亡的行为属于故意杀人，则应当负刑事责任；如果属于过失致人死亡，则可以免予承担刑事责任。

简单说，犯罪的主观方面是指行为人在实施行为时的主观心理态度，如果行为人明知自己的行为会发生危害后果，并且希望或放任这种结果的发生，主观方面就是故意犯罪。如果行为人主观方面应当预见自己的行为会发生危害后果，因为疏忽大意而没有预见或者已经预见到危害后果可能发生，但轻信能够避免，主观方面就是过失犯罪。过失犯罪不是犯罪人有意所为，而是缺乏必要的谨慎和责任心造成。据此分析案中王某的主观心态，显然不属于故意犯罪，而是过失造成。因此，15 周岁的王某对自己的过失行为所造成的后果不承担刑事责任，也就是不能定罪判刑。

4. 犯罪客观方面 犯罪客观方面内容主要包括危害行为、危害对象、危害结果、危害行为的时间、地点、方法等。如盗窃罪的客观方面特征是秘密窃取，抢夺罪的客观表现特征是乘人不备、公然夺取，抢劫罪的客观特征是实施暴力、胁迫或其他方法，当场取得财物。

三、正当防卫行为

案例 2－5

王某等人在宋某开设的饭店吃饭没有付钱，几日后王某经过该饭店时，宋某向其催讨饭钱。王某大为不满，并于数日后纠集李某等数人到该饭店滋事，以言语威胁宋某，要求其请客了事，宋某不从，王即操起东洋刀往宋的左臂及头部各砍一刀。宋拔出自备的尖刀还击，两人互相扭打砍刺。在旁的李某见状即举起一方凳向宋的头部砸去，宋转身还击一刀，刺中李的胸部后又继续与王扭打。王、李二人最后均受伤经医院抢救无效死亡，宋某也多处受伤，损伤程度属于轻伤。

评 析

宋某的行为虽致二人死亡、造成了严重的损害后果，但因为其是为了保护自己的人身权益不得已而致对方损害，宋某的行为符合正当防卫的法律规定，所以人民法院判决其无罪。

刑法规定：“为了使国家、公共利益、本人或者他人的人身、财产和其他权利免受正在进行的不法侵害，而采取的制止不法侵害的行为，对不法侵害人造成损害的，属于正当防卫，不负刑事责任。”

正当防卫行为必须符合下列条件：

（1）必须针对不法侵害行为才能进行。

（2）不法侵害行为必须是正在进行，不能在不法侵害尚未开始时“预先防卫”；也不能在不法侵害已经结束后“事后防卫”。预先防卫和事后防卫造成危害结果的，都要承担刑事责任。

（3）行为人必须是为了保护合法的利益才能进行正当防卫。如果是为了加害对方，而故意挑动对方先攻击自己，再以防卫为借口伤害

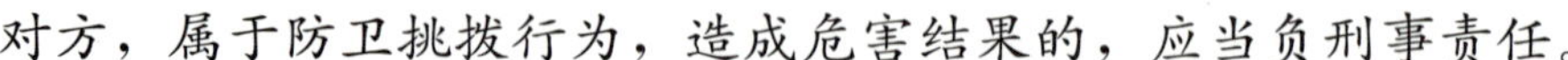

对方，属于防卫挑拨行为，造成危害结果的，应当负刑事责任。

(4) 正当防卫必须针对不法侵害者本人实施，不能施加给第三人。

(5) 防卫行为不能超过必要限度造成重大损害。

如果明显超过必要限度，造成重大损害，属于防卫过当，还应当负刑事责任。但是应当减轻处罚或者免除处罚。

此外，刑法还规定一种特殊情况下的正当防卫：对正在进行行凶、杀人、抢劫、强奸、绑架以及其他严重危及人身安全的暴力犯罪，采取防卫行为，造成不法侵害人伤亡的，不属于防卫过当，不负刑事责任。

四、犯罪行为的法律后果

行为一旦构成犯罪，就要承担刑罚。是一种最严厉的惩罚方法，只能由人民法院依照法定的程序对犯罪分子适用。我国的刑罚包括主刑和附加刑两部分。

刑法规定的主刑种类包括：

1. 管制　管制是由人民法院判决的，对犯罪分子不予关押，但在公安机关的管束和人民群众监督下限制一定人身自由的刑罚方法。可以根据犯罪情况，同时禁止犯罪分子在执行期间从事特定活动，进入特定区域、场所，接触特定的人。

管制的期限为 3 个月以上 2 年以下，数罪并罚时不超过 3 年。管制是主刑中最轻的刑罚，只适用于罪行比较轻的犯罪分子。

2. 拘役　拘役是短期剥夺犯罪分子的人身自由，就近进行强制劳动改造的刑罚方法。拘役的期限为 1 个月以上 6 个月以下，数罪并罚时不超过 1 年。在执行期间，被判处拘役的犯罪分子每月可以回家 1～2 天；参加劳动的，可以酌量发给报酬。

3. 有期徒刑　有期徒刑是剥夺犯罪分子一定期限的人身自由，实行强制劳动改造的刑罚方法。有期徒刑的期限为 6 个月以上 15 年以下，数罪并罚时可达20年。

4. 无期徒刑 无期徒刑是剥夺犯罪分子的终身自由，实行强迫劳动改造的刑罚方法。它是仅次于死刑的严厉程度的刑罚方法，适用于需要永远与社会隔离的罪行严重的犯罪分子。

5. 死刑 死刑即剥夺犯罪分子生命的刑罚。死刑只适用于罪行极其严重的犯罪分子。对于应当判处死刑的犯罪分子，如果不是必须立即执行的，可以判处死刑同时宣告缓期二年执行。

另外，还有三种附加刑：罚金、剥夺政治权利和没收财产。

学习任务2 农村常见的犯罪行为

任务描述

农村有一些常见的犯罪类型。不同的罪有不同的构成条件，其危害性也因行为的客观危害后果大小及行为人主观过错大小有差异，对不同危害行为要用不同的刑罚予以处罚。

一、危害公共安全的犯罪

（一）放火罪

案例2-6

村民王某，因承包果园发了一笔财，便随意挥霍，多次参加赌博。不仅将辛苦挣的钱全部输掉，而且还欠他人几万元。妻子多次规劝他无效，最后向法院起诉，经法院判决与王某离婚，5岁的儿子也判归女方抚养。王某见妻离子散，债主成天上门讨债，觉得活着没意思。一日，王某用火点燃自家的房屋（该房屋与他人房屋相连），然后投河自杀。但遇到他人救助，自杀未成。

评 析

王某的行为构成了放火罪。因为这种行为虽然是焚烧自家房屋但危及邻里，殃及周围，也就是危害了公共安全。

放火罪是指以故意放火焚烧公私财物的方法危害公共安全的行为。

放火罪的成立须具备的条件是：

（1）本罪必须危害了公共安全。即实施放火行为，危及多人的生命健康或者重大公私财产的安全。

（2）行为人在客面方面必须实施了放火的行为。

（3）行为人的年龄已满 14 周岁，并且精神正常，具有辨认并控制自己行为的能力。

（4）主观方面是故意犯罪，即明知自己的行为会发生火灾，危害公共安全，但行为人希望或放任这种结果的发生。

放火罪的处罚：未造成严重后果的，处 3 年以上 10 年以下有期徒刑；出现致人重伤、死亡或者使公私财产遭受重大损失的严重后果的，处 10 年以上有期徒刑、无期徒刑或者死刑。

（二）投放危险物质罪

案例 2－7

甲村与乙村相距 3 里*路，共同饮用一条小溪的水。甲村在上游，乙村在下游。某年因久旱无雨，溪水越来越少，两个村子为用水问题发生纠纷，乙村的人将甲村人打伤。于是上游的甲村截断小溪，将溪水引入本村的水塘内。乙村的韦某一气之下，半夜潜入甲村，将一瓶农药倒入水塘内。第二天清晨，村民甲赶羊到水塘饮水时，发现异常，及时报告有关部门，避免了危害结果的发生。

评 析

韦某的行为虽然尚未发生严重后果，但已经导致危害公共安全的

---

* 里为非法定计量单位，1 里＝500 米。——编者注

严重危险，因此，韦某的行为构成了投放危险物质罪。

投放危险物质罪的成立条件与放火罪相比，除客观方面表现不同外，其他条件都相同。本罪的客观方面表现是投放毒害性、放射性、传染病病原体等物质，危害公共安全。如向公共饮水源、食品中投放能够致人死亡的或者严重危害人体健康的毒性药物，寄发炭疽病菌等。

投放危险物质罪的处罚：未造成严重后果的，处 3 年以上 10 年以下有期徒刑；出现致人重伤、死亡或者使公私财产遭受重大损失的严重后果的，处 10 年以上有期徒刑、无期徒刑或者死刑。

（三）破坏交通设施罪

案例 2－8

某村民刘某一日路过一铁道附近，见附近堆放着许多水泥预制板，刘某突发奇想：将预制板放到铁道上火车经过时会怎样呢？于是他费了很大力气将一块预制板抬到铁轨上。过了一会儿，一列火车经过，因司机及时发现而刹车，未造成车毁人亡的严重后果，但机车零件受损，停车十几分钟。第二天，刘某又重复实施这一行为，同样因火车司机及时刹车避免了严重后果的发生。公安人员及时赶到现场，将形迹可疑的刘某带走讯问，刘某如实供述了自己的行为经过。

法院审理此案时，审判员问刘某，是否知道自己行为的严重后果，刘某答道：自己就是想知道火车有劲没劲，如果火车轧过去了，说明火车有劲；如果火车轧不过去，说明火车没劲。结果刘某以破坏交通设施罪被判处有期徒刑 8 年。

评 析

刘某因为法盲使他要接受 8 年的监禁。尽管他不清楚自己行为的法律性质，但他的行为符合破坏交通设施罪的构成条件，应当承担刑事责任。

破坏交通设施罪是指故意破坏轨道、桥梁、隧道、公路、机场、航道、灯塔、标志或者进行其他破坏活动，足以使火车、汽车、电车、船只、航空器发生倾覆、毁坏危险，或已经造成严重后果的行为。

本罪的成立条件是：

（1）危害了交通运输安全。

（2）行为人在客观方面实施了破坏交通设施的行为，其破坏行为足以使交通工具发生倾覆、毁坏危险。

（3）行为人年满16周岁，且精神正常，能够辨认和控制自己的行为。

（4）行为人在主观方面是故意犯罪，明知自己的行为会发生交通工具的倾覆、毁坏，并且希望或放任这种结果的发生。

破坏交通设施罪的处罚：刑法规定，犯本罪，未造成严重后果的，处3年以上10年以下有期徒刑；造成严重后果的，处10年以上有期徒刑、无期徒刑或者死刑。

（四）破坏电力设备罪

案例 2-9

某村秦某家兄弟二人，因家境贫穷想偷点电线卖钱。二人共同驾驶摩托车至郊外，将线路上正在使用中的电线用钳子剪断，导致周围地区停电、停产，严重影响生产和生活。兄弟二人共计作案十几次，盗窃铝芯线、铜芯线等，被损电线价值人民币16 800元。变卖后得赃款2 600元。那么秦某兄弟二人是否构成犯罪，构成何罪呢？

评 析

秦某兄弟二人的行为已经构成犯罪，触犯的罪名是破坏电力设备罪。

破坏电力设备罪是指故意破坏电力设备，足以造成或已经生成严重后果，危害公共安全的行为。本罪与破坏交通设施罪的成立条件部分相同，区别在于本罪破坏的对象为正在使用的电力设备，侵犯的是供电公共安全。认定破坏电力设备罪的关键是判断行为是否足以危害公共安全，要考虑其破坏的具体对象、程度、后果综合判断。电力设备是否正在使用是判断行为是否足以危害公共安全的标准之一，但不是唯一的标准。通常来讲，盗窃正在使用中的电力设备一般会危害公共安全，但不必然危害公共安全。还要结合电力设备设置的位置、影响范围、危害结果来综合判断。这里所称的“公共安全”是指不特定或者多数人的生命、健康的安全以及公共生活的平稳与安宁。

破坏电力设备罪的处罚：刑法规定，犯本罪，尚未造成严重后果的，处 3 年以上 10 年以下有期徒刑；造成严重后果的，处 10 年以上有期徒刑、无期徒刑或者死刑。

二、侵犯公民人身权利的犯罪

（一）故意杀人罪

故意杀人罪是指故意非法剥夺他人生命的行为。

刑法第 232 条规定，犯本罪的，处死刑、无期徒刑或者 10 年以上有期徒刑；情节较轻的，处 3 年以上 10 年以下有期徒刑。其中“情节较轻”，一般是指实践中的义愤杀人、防卫过当杀人、因受被害人长期迫害而杀人、帮助自杀等情况。

（二）故意伤害罪

故意伤害罪指故意非法损害他人身体健康的行为。认定本罪时须注意：损害他人身体健康的轻重程度分为轻微伤、轻伤、重伤害、伤害致死四个层次。造成轻微伤害的，不构成犯罪，可以适用治安管理处罚，并可以追究民事赔偿责任。只有伤害程度达到轻伤以上时，才适用刑法追究刑事责任。对于伤害程度的认定，以法医的鉴定结论为准。因此，对于实践中经常发生的殴打行为，按照《人体轻伤鉴定标准》不构成轻伤的，则不宜定伤害罪。

故意伤害罪的处罚：刑法第二百三十四条规定，犯本罪的，处 3 年以下有期徒刑、拘役或管制；致人重伤的，处 3 年以上 10 年以下有期徒刑；致人死亡或者以特别残忍手段致人重伤造成严重残疾的，处 10 年以上有期徒刑、无期徒刑或者死刑。

（三）强奸罪

强奸罪是指使用暴力、胁迫或者其他手段，违背妇女意志，强行与妇女性交的行为。强奸罪的成立条件是：

（1）行为人必须是已满 14 周岁、能够辨别和控制自己行为的人。妇女不能单独构成本罪，但如果妇女对他人实施强奸起了帮助作用，可构成本罪的共犯。

（2）本罪侵害的是妇女性的不可侵犯的权利，即拒绝与其合法配偶以外的任何男人性交的权利。

（3）本罪行为的客观表现特征是违背妇女意志，使用暴力、胁迫或者其他足以使妇女不能反抗、不敢反抗或者不知反抗的各种手段，强行与妇女性交的行为。认定本罪时，须注意把强奸与通奸行为区别开来。通奸是非合法夫妻的男女双方自愿发生不正当性关系的行为，并不违背妇女意志。

强奸罪的处罚：刑法第二百三十六条规定，犯本罪的，处 3 年以上 10 年以下有期徒刑。奸淫不满 14 周岁幼女的，以强奸论，从重处罚。有下列情节之一的，处 10 年以上有期徒刑、无期徒刑或者死刑：

（1）强奸妇女、奸淫幼女情节恶劣的。

（2）强奸妇女、奸淫幼女多人的。

（3）在公共场所当众强奸妇女的。

（4）两人以上轮奸的。

（5）致使被害妇女重伤、死亡或者造成其他严重后果的。

（四）拐卖妇女、儿童罪

案例 2－10

某地村民甲单独或结伙在石家庄等地，以欺骗、暴力劫持等手段，拐卖已婚、未婚和痴呆妇女共 20 人。对被拐卖的妇女 5 人多次进行奸淫，并殴打、凌辱被拐卖的妇女，非法营利达 3 万元。

人民法院判决如下：被告人甲犯拐卖妇女罪，判处死刑，剥夺政治权利终身，并处没收个人财产。被告人提起上诉，经二审法院审理，作出驳回上诉、维持原判的判决。

评 析

拐卖妇女、儿童是一种严重侵害他人的人身权利的犯罪行为，多发生在农村地区。刑法对此种犯罪行为规定了明确的认定条件和处罚标准。

本罪是指以出卖为目的，拐骗、绑架、收买、贩卖、接送或者中转妇女、儿童的行为。

拐卖妇女、儿童罪的处罚：刑法第 240 条规定，犯本罪的，处 5 年以上 10 年以下有期徒刑，并处罚金；有下列情形之一的，处 10 年以上有期徒刑或者无期徒刑，并处罚金或没收财产；情节特别严重的，处死刑，并处没收财产：

（1）拐卖妇女、儿童集团的首要分子。

（2）拐卖妇女、儿童 3 人以上的。

（3）奸淫被拐卖妇女的。

（4）诱骗、强迫被拐卖妇女卖淫或者将被拐卖妇女卖给他人迫使其卖淫的。

（5）以出卖为目的，使用暴力、胁迫或者麻醉方法绑架妇女、儿童的。

（6）以出卖为目的，偷盗婴幼儿的。

(7) 造成被拐卖的妇女、儿童或者亲属重伤、死亡或者其他严重后果的。

(8) 将妇女、儿童卖往境外的。

(五) 收买被拐卖的妇女、儿童罪

案例 2-11

赵某、姜某母子二人于1996年11月从人贩子李某手中,买下一川妹子江某为妻。后带回家,赵某强行与江某举行了婚礼,当晚要求与江某同房,遭到江某拒绝。为防江某逃跑,姜某专门在家看着江某,江某多次寻机逃跑未成,直至1997年10月12日公安机关将其解救出来。赵某、姜某也被公安机关抓获归案。

评 析

刑法不仅打击拐卖妇女、儿童的行为,也打击收买被拐卖妇女、儿童行为。案例中赵、姜的行为构成收买被拐卖妇女罪和非法拘禁罪,应实行两罪并罚。

收买被拐卖的妇女、儿童罪是指不以出卖为目的,用金钱或者其他财物收买被拐卖妇女、儿童的行为。

收买被拐卖的妇女、儿童罪的处罚:刑法第二百四十一条规定,犯本罪的,处3年以下有期徒刑、拘役或者管制。处罚时还应注意:

(1) 收买被拐卖的妇女后,违背妇女意志,使用暴力、胁迫或者其他手段,强行与其发生性关系的,还应定强奸罪,实行两罪并罚。

(2) 收买被拐卖的妇女、儿童后,非法剥夺、限制其人身自由的,还应定非法拘禁罪,实行数罪并罚。

(3) 收买被拐卖的妇女、儿童后,对其进行伤害的,还应定故意伤害罪,实行数罪并罚。

(4) 收买被拐卖的妇女、儿童后,对其进行伤害的,还应定故意

伤害罪，实行数罪并罚。

(5) 收买被拐卖的妇女、儿童后，对其进行侮辱，构成犯罪的，还应定侮辱罪，实行数罪并罚。

(6) 收买被拐卖的妇女、儿童后，又将其出卖的，定拐卖妇女、儿童罪，不定收买被拐卖的妇女、儿童罪。

(7) 收买被拐卖的儿童，对被买儿童没有虐待行为，不阻碍对其进行解救的，可以从轻处罚。

(8) 收买拐卖的妇女，按照被买妇女的意愿，不阻碍其返回原地的，可以从轻或者减轻处罚。

(六) 聚众阻碍解救被收买的妇女、儿童罪

本罪是指以暴力、威胁方法阻碍国家机关工作人员解救被收买的妇女、儿童的行为。

聚众阻碍解救被收买的妇女、儿童罪的处罚：刑法第二百四十二条第二款规定，犯本罪的，首要分子处 5 年以下有期徒刑或者拘役；其他参与者使用暴力、威胁方法的，按刑法第二百七十七条妨害公务罪的规定处罚，即处以 3 年以下有期徒刑、拘役、管制或者罚金。

(七) 虐待罪

案例 2－12

申某（男）与彭某（女）婚后，申某经常对彭某进行辱骂和殴打，后来发展到在寒冬季节让彭某穿单薄衣服站在屋外，向彭某身上泼冷水，将彭某吊在房梁上用蘸水的腰带抽打等。某日申某酒醉回家，使用木棒将彭某左腿打折，使彭某留下了终身残疾。

评 析

申某在婚后长期虐待配偶彭某，手段恶劣，后果严重，造成了彭

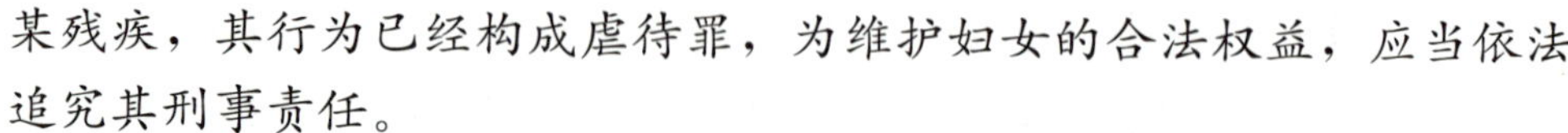

某残疾，其行为已经构成虐待罪，为维护妇女的合法权益，应当依法追究其刑事责任。

虐待罪是指对共同生活的家庭成员，经常以打骂、冻饿、有病不给医治、强迫超体力劳动、凌辱人格、限制自由、捆绑等方式，从肉体上或者精神上摧残、折磨，情节恶劣的行为。

虐待罪的处罚：刑法第二百六十条规定，犯本罪的，处 2 年以下有期徒刑、拘役或者管制；致使被害人重伤、死亡的，处 2 年以上 7 年以下有期徒刑。未造成被害人重伤、死亡的，告诉才处理，即司法机关不主动追究犯罪人的责任，需被害人向人民法院起诉才能立案处理。

（八）遗弃罪

案例 2－13

村民潘某已怀孕七八个月，医院做 B 超确认为一男婴，潘某扬言待男婴出生后卖掉。此时另一村村民胡某也四处打听想买一男婴抚养。经人牵线两人得以联系，遂商定等孩子出生后以 2 万元成交。潘某生下男婴后，即让其公婆给对方捎信让带钱抱孩子，胡某付钱后把该男婴抱回家抚养。案中潘某作为母亲自愿将孩子卖给他人的行为是否构成犯罪呢?

评 析

潘某的行为构成犯罪，因为她负有抚养子女的义务，其拒绝抚养的行为构成遗弃罪。此案后经人民法院审理并作出以下判决：

（1）被告人潘某犯遗弃罪，判处有期徒刑 8 个月。

（2）追缴非法所得人民币 11 900 元，上缴国库。

案例 2－14

王大妈现年 80 岁，因年事已高、身体多病而丧失自理能力。儿子小王和媳妇不愿意赡养老人，认为老人不应当只在自己家中养老，也应当到其妹妹家中生活一段。在没有与妹妹达成安置老人的一致意见时，小王即独自将老人用三轮车拉到邻村，无视其妹妹并不在家的情形，将老母亲弃在村里小路上。老人无力反对，老泪纵横。后被村委会成员发现收留起来。

评 析

小王拒不赡养老人的行为不仅违反道德，应受谴责，也已触犯刑律，构成遗弃罪，应受刑罚处罚。

遗弃罪是指对于年老、年幼、患病或者其他没有独立生活能力的人，负有扶养义务而拒绝扶养，情节恶劣的行为。

遗弃罪的处罚：刑法规定，犯本罪的，处 5 年以下有期徒刑、拘役或者管制。

三、侵犯财产权利的犯罪

（一）抢劫罪

案例 2－15

某地农民甲乙二人事先合谋后，携带钳子、旋凿、木工凿子等作案工具，于某日晚 9 时许窜至某村，撬窗潜入村民薛某家中实施盗窃，恰遇户主薛某回家。甲即钻到沙发后躲藏，乙乘机逃跑。当薛抓住甲并欲将其送往派出所处理时，甲掏出木工凿子向薛头部连戳数下，至薛某轻微伤。甲夺路而逃。

评 析

当地人民法院经审理，认定甲伙同他人实施盗窃，因被发现而使用暴力手段抗拒抓捕，其行为已构成抢劫罪，故以抢劫罪判处甲有期徒刑 3 年。

本罪是指以非法占有为目的，当场使用暴力、胁迫或者其他方法，强行劫取公私财物的行为。本罪在客观方面强调犯罪人使用了暴力、胁迫或其他使被害人处于不知反抗或丧失反抗能力状态的方法。此外，刑法第二百六十九条规定，犯盗窃、诈骗、抢夺罪，为窝藏赃物、抗拒抓捕或者毁灭罪证而当场使用暴力或以暴力相威胁的，依照抢劫罪的规定处罚。

抢劫罪的处罚：刑法第二百六十三条规定，抢劫罪，处 3 年以上 10 年以下有期徒刑；有下列八种情形之一的，处 10 年以上有期徒刑、无期徒刑或者死刑，并处罚金或者没收财产：

（1）入户抢劫的。

（2）在公共交通工具上抢劫的。

（3）抢劫银行或者其他金融机构的。

（4）多次抢劫或者抢劫数额巨大的。

（5）抢劫致人重伤、死亡的。

（6）冒充军警人员抢劫的。

（7）持枪抢劫的。

（8）抢劫军用物资或者抢险、救灾、救济物资的。

（二）盗窃罪

本罪是指以非法占有为目的，秘密窃取公私财物数额较大、或者多次秘密窃取公私财物、入户窃取财物、携带凶器盗窃、扒窃的行为。盗窃罪的构成条件要求行为人必须是年满 16 周岁并且能够辨别和控制自己的行为的精神正常的人。在客观方面的行为特点是采取自认为不会被他人发觉的方法，取得公私财物占为己有。

盗窃罪的处罚：刑法第 264 条规定，犯本罪的，处 3 年以下有期徒刑、拘役或者管制，并处或者单处罚金；数额巨大或者有其他严重情节的，处 3 年以上 10 年以下有期徒刑，并处罚金；数额特别巨大或者有其他特别严重情节的，处 10 年以上有期徒刑或者无期徒刑，并处罚金或没收财产。

（三）敲诈勒索罪

案例 2－16

村民刘某窜到县城里一居民住宅前，然后将写好的两封恐吓信分别放到停放在该处的张某的汽车上，以不给钱就放火威胁张某，以此向张某勒索人民币 2 万元。

评 析

本案中刘某的行为构成敲诈勒索罪。

敲诈勒索罪是指以非法占有为目的，对公私财物的所有人、管理人实施威胁或者要挟的方法，强行索取数额较大的公私财物或多次强索公私财物的行为。本罪行为的特点是实施了威胁或者要挟，强行索取数额较大的公私财物或多次强索财物的行为。所谓威胁或者要挟方法，是指以将要加害被害人或其亲属，或者将要揭发、张扬其不法行为、个人隐私等相威胁，对被害人施加精神强制，迫使其交付财物。

敲诈勒索罪的处罚：刑法第二百七十四条规定，犯本罪的，处 3 年以下有期徒刑、拘役或者管制，并处或者单处罚金；数额巨大或者有其他严重情节的，处 3 年以上 10 年以下有期徒刑，并处罚金；数额特别巨大或者有其他特别严重情节的，处 10 年以上有期徒刑，并处罚金。

（四）故意毁坏财物罪

案例 2－17

某日凌晨潘某酒后见到被害人宋某将轿车停放在村公路边，觉得很刺眼，便回家拿来一根木棒，朝该车车灯、玻璃、后视镜、车顶盖等部位打砸。后经县价格认证中心鉴定，该车损失价值 2.8 万元。

评 析

潘某的行为已构成故意毁坏财物罪，人民法院以此罪判处潘某有期徒刑6个月。

本罪是指故意毁灭或损坏公私财物，数额较大或者有其他严惩情节的行为。

故意毁坏财物罪的处罚：犯本罪的，处3年以下有期徒刑、拘役或者罚金；情节严重或者有其他特别严重情节的，处3年以上7年以下有期徒刑。

（五）破坏生产经营罪

案例 2－18

某乡农民乔某，因日常琐事与村干部产生矛盾，耿耿于怀，继而产生报复之念。一日凌晨，乔某带着火柴，来到本村村东的野外，先后分别将村支书、村主任各自承包种植蔬菜的大棚点燃，把大棚内种植的蔬菜全部烧毁，造成直接经济损失2万余元。

评 析

案中乔某的行为应按破坏生产经营罪定罪处罚。

破坏生产经营罪是指由于泄愤报复或其他个人目的，毁坏机器设备、残害耕畜或者以其他方法破坏生产经营的行为。

破坏生产经营罪的处罚：犯本罪的，处3年以下有期徒刑、拘役或者管制；情节严重的，处3年以上7年以下有期徒刑。

单 元 小 结

本单元介绍了犯罪行为须具备三个特点：即社会危害性、刑事违法性和应受刑罚惩罚性。犯罪的成立通常从四个方面衡量：犯罪客体、犯罪客观方面、犯罪主体、犯罪主观方面。衡量犯罪行为不能仅看行为结果，如果行为在客观上虽然造成了损害后果，但没有犯罪的故意或过失，可能构成正当防卫行为。犯罪行为要承担的法律责任是最严厉的，包括管制、拘役、有期徒刑、无期徒刑和死刑。另外还可以单处或并处附加刑。本单元还对农村常见的危害公共安全、侵犯公民人身权利和财产权利的一些犯罪作了介绍。

复习思考题

1. 犯罪行为须具备哪些特征？
2. 刑法对刑事责任年龄是如何规定的？
3. 犯罪的主观方面分为哪两种类型？
4. 什么是正当防卫？须具备哪些条件？
5. 我国刑法规定的主刑刑种有哪些？
6. 农村常见的危害公共安全的犯罪有哪些？
7. 农村常见的侵犯公民人身权利的犯罪有哪些？
8. 农村常见的侵犯财产权利的犯罪有哪些？

第三单元 民事活动的基本规定

学习任务1　民法保护的权利

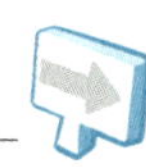

任务描述

我们的人身权利、财产权利等都需要用《中华人民共和国民法通则》（简称“民法”）来加以调整，如房屋和其他财物的所有权纠纷、做生意签合同、身体健康受到侵害、姓名名誉被人损害、处理相邻关系等，这些身边经常发生的事就需要依据民法来解决。

一、民法的调整范围

案例 3－1

某村农民韩某与闫某本是好邻居，一次，闫某求韩某帮自己赶马车去山上拉枝柴，结果韩装车时套骡子被踢伤头。经医院诊断为：“左颅骨骨折，颅内血肿”。后经法医鉴定：韩某肢体残废症状已经稳定，丧失大部分劳动能力。闫某为韩某支付了医疗、交通等费用。但在今后的生活费用和继续治疗费用承担方面两人发生争执。

此纠纷法院经审理认为：本案损害结果的发生，双方当事人均无过错，此伤害事件的发生属于意外事件。但是，韩某为闫某帮工，闫某是该行为的受益者，因此，从公平合理的原则出发，闫某应承担一定的民事责任。因此，根据民法通则第一百三十三条的规定，法院判决：闫某赔偿韩某两次住院治疗费（已执行）和今后部分生活补助费 2 万元。执行后，闫某不再对韩某的后果承担责任。

评 析

此纠纷涉及公民之间民事责任承担问题，应当依据民法的相关规定来处理。

案例 3－2

陈南与陈北的房屋均建在某村委会集体所有土地的范围内，两家的房屋以路为界。陈南因动工修建围墙，并更改自家大门朝向，与陈北发生争执。陈北认为对方向北开门有违乡规民约，影响村容村貌，并对其家人的出入造成不便，但陈南对陈北的意见置之不理，陈北一怒之下推倒对方新建的院门，双方发生纠纷，诉至法院。

评 析

这个案件涉及公民之间邻里关系问题，人民法院审理这一案件也是依据的民法规定。

民法，是指调整平等主体的财产关系和人身关系的法律规范。例如，甲借给乙 1 000 块钱，乙到期未能归还，这是平等主体间的财产关系；甲骑自行车，把乙给撞伤了，这是平等主体之间的人身关系；甲公司与乙村民签了一个合同，甲公司出价 2 万元，向乙村民购买其种植的土特产，也是属于平等主体间的财产关系；再如村民甲到“好吃”火锅店吃火锅，吃饭时火锅店发生意外，村民甲被灼伤了，这又涉及平等主体之间的人身关系。

二、民法的基本原则

民法最主要法律规范是《中华人民共和国民法通则》。它规定的具体

问题主要有：民法的基本原则；公民（自然人）；法人；民事法律行为和代理；民事权利；民事责任；诉讼时效；涉外民事关系的法律适用等。

我国民法的基本原则主要有：

（一）合法原则

案例 3－3

一位年近 70 岁的老人，因患癌症而四处求治，家里债台高筑，但病情未见好转，每日疼痛难忍，非常痛苦。他向医生请求施行安乐死，其家人也都表示接受，并在申请书上签字。医院经考虑认为，维持病人的生命，只能增加其痛苦，施行安乐死，是解除痛苦的惟一办法，但为避免麻烦，希望公证机关能对病人及其家属的请求进行公证。于是其家属找公证处要求进行公证，却遭到公证处的拒绝，因为“安乐死”在我国并未合法化，法律对这种行为不予保护，因此公证机关无法给予证明。

评 析

民事活动必须遵守法律，违反国家法律的民事行为，法律不予保护。

（二）平等原则

平等原则要求，当事人之间所处的法律地位一律平等，享有同等的权利，承担同等的义务，不允许以大欺小，以强凌弱。即使是一个普通农民与一个地位显赫的名人签订合同，双方也处于平等地位，任何一方都没有权利凌驾于对方之上。

（三）意思自治原则

案例 3－4

村民王贵有一铺面房想出租，求租的人很多。既有相识的邻居，也有陌生的外乡人，还有乡干部的家属。王贵觉得有些为难，本心想租给陌生人，可以谈个好价钱，但又怕乡干部出面干涉。

评 析

王贵与谁订立铺面房租赁合同完全取决于他的意愿，这即是意思自治原则的要求。

意思自治原则是指，人们在进行民事活动时按自己真实意愿去做事，任何一方不得采用强迫手段，迫使对方按自己的意志行事。比如在婚姻当中，两个人结婚的时候，如果订有财产协议，那么离婚的时候就根据该协议分财产，如果没有协议的话，才根据法律规定分财产，这体现的就是意思自治。在合同当中也是，意思自治可以说是贯穿整个合同当中的，从要约开始，想跟谁订立合同，是当事人的自由，怎么订立、怎么履行以及后期争议的解决，都可以自己约定，这就是意思自治的体现。

（四）诚实信用原则

案例 3－5

某水泥厂与一建筑公司签订了水泥供应合同，约定水泥厂给建筑公司全年供货 1 000 吨，分四次发货。此后，水泥厂于春节一过时，第一次发货 300 吨，但过了 3 月份后，由于市场上水泥供不应求，价格上涨，水泥厂借此机会先供应议价水泥。虽然建筑公司多次催货，但直到 10 月底，水泥厂都未向对方供货。建筑公司无奈在市场上购买高价水泥 410 吨。11 月份后市场上水泥开始滞销，水泥厂此时方向建筑公司发货，一个月内连发两次，共计 450 吨。但建筑公司的水泥不仅剩余，而且无法贮藏，急忙要求水泥厂停止发货，解除合同，为此与水泥厂发生纠纷。水泥厂向法院起诉。

评 析

水泥厂在对方依约请求供货时，为牟取暴利，拒不供货；在产品积压时，又强行向对方发货，显然是不讲诚实、不守信用的违法行为。故法院判决：允许建筑公司单方解除部分合同。对水泥厂不当履行合同迫使对方购买高价水泥而多支出的费用，由水泥厂承担主要责任。

诚实信用原则是做人的一项基本原则，也是合同法的一项基本原则，作为市民社会必然的道德信条。诚实信用原则的基本含义是，当事人在市场活动中应讲信用，恪守诺言，诚实不欺，在追求自己利益的同时不损害他人和社会利益，要求民事主体在民事活动中维持双方的利益以及当事人利益与社会利益的平衡。

（五）权利不得滥用原则

权利不得滥用原则指当事人在行使民事权利时，必须尊重公共利益和社会公德，不得破坏个人利益与社会利益的平衡，不得损害他人依法享有的正当利益，否则，当事人的权利将依法被限制、剥夺或承担民事责任。

学习任务2 公民的民事权利能力和民事行为能力

任务描述

一个儿童有没有资格接受贵重的馈赠，多大的年龄才有权利和别人订立合同？公民在进行民事法律行为时有哪些问题要注意？如果不能亲自去做某事，如何委托他人代理自己去实施？这些是我们参与民事法律关系要了解的基本常识。只有搞清楚这些，才能保证我们实施的行为合法有效、受到法律保护。

一、公民的民事权利能力

在民事活动中享受权利、承担义务的当事人，不仅包括自然人，还包括个体工商户、农村承包经营户、个人合伙，还包括法人。本节重点介绍自然人和法人的有关规定。

（一）公民的民事权利能力

案例 3－6

某地发生一起重大交通事故，一对骑自行车的年轻夫妻当场被撞死，此时妻子肚子里的婴儿在受到货车的碰撞碾压后破腹而出，经送医院抢救，婴儿安然无恙。在婴儿降生 100 天的日子，他的爷爷、奶奶、姥姥、姥爷抱着他走进法院，向肇事的驾驶员孙某及其所在的村委会索赔医药费、丧葬费、生活抚养费、精神损害赔偿费等共计人民币 41 万多元。

评　析

虽然婴儿太小，什么也不懂，不能出庭表达自己的意见。但他有资格要求肇事方对自己给予赔偿。在法院的调解下，他的诉讼请求得到了部分实现，最后双方达成协议，原告放弃精神损害赔偿要求，由被告孙某及其所在的村委会赔偿原告 36 万多元。

这个案件说明：公民从出生那一刻起，就有享受民事权利、承担民事义务的资格，当自己的权利被侵犯后，可以向侵权人索赔。不能以公民年龄小、不懂事为理由拒绝其享有民事权利的要求。民法规定：公民从出生的时候起到死亡时止，都有这种享有民事权利承担民事义务的资格。

（二）公民的民事行为能力

公民具有依法享有权利、承担义务的资格，不等于他就一定能

通过自己的行为去行使权利并承担相应义务。我国民法通则规定：公民能够以自己的行为亲自行使权利和承担义务的资格，要依人的年龄和精神健康状况而定。民法上把人的这种行为能力分三种情况：

1. 完全行为能力 18 岁以上的精神智力正常的人为完全民事行为能力人。16 岁到 18 岁期间能以自己的劳动独立生活的未成年人视为完全民事行为能力人。他们可以独立进行各种民事活动。

2. 限制行为能力 10 岁到 18 岁为限制民事行为能力人。可以进行与他的年龄、智力相适应的民事活动，如购买学习用品或价值不大的日常生活用品。超过范围的其他民事活动须由他的法定代理人代理，或者征得他的法定代理人的同意才有权去实施。不能完全辨认自己行为的精神病人是限制民事行为能力人，可以进行与他的精神健康状况相适应的民事活动；其他民事活动由他的法定代理人代理，或者征得他的法定代理人的同意。

3. 无行为能力 10 岁以下的人及不能辨认自己行为的精神病人是无民事行为能力人，须由他的法定代理人代理民事活动。

上面的案例中，小婴儿虽然有享受民事权利、承担民事义务的资格，但是，他没有能力通过自己的行为亲自实现，必须由代理人（爷爷、奶奶、姥姥、姥爷等）代他向法院提起诉讼，这种能力叫“民事行为能力”。

二、法人到底是什么“人”？

案例 3－7

农民王某与一家公司签订合同，将自己承包责任田里种植的农作物全部卖给了这家公司，但对方欠付部分货款。王某向法院起诉，要求对方支付欠款。律师告诉他：王某只能要求这家公司还款，不能要求公司的老板用个人的钱来支付欠款。因为这家公司是法人，须独立承担民事责任。这是为什么呢？

评析

因为王某是与公司订立的合同，公司是法人，要独立承担民事责任。

法人是指什么人呢？法人是一种社会组织，因为这种社会组织不像自然人那样能呼吸、能独立思考，因此，这种社会组织参与民事活动必须由法律特别赋予它资格。法律上规定符合一定条件的社会组织可以像单个人一样，独立享有民事权利和承担民事义务，并通过一定的方式具体实现，这种组织就是法人。

法人是一种社会组织，但并不是任何社会组织都是法人。根据《民法通则》的规定，法人必须具备下列条件：

（1）法人必须按照法律规定的条件和程序成立。如成立公司，必须符合规定的条件并且到工商部门办理注册登记手续，而不是自己有了房子作办公地点，挂一块牌子就能成立。

（2）有必要的财产或经费。必要的财产和经费是法人独立享有民事权利、履行民事义务的物质基础和保障。

（3）有自己的名称、组织机构和场所。

（4）能够独立承担民事责任。如法人欠了债，只能用法人财产独立偿还，不能向法人的单位领导或职工提出偿付的要求。

法人的法定代表人对外代表法人，通过法定代表人（有时法定代表人授权其他人）进行民事活动。因此，公民与某公司或其他形式的法人的工作人员打交道时须注意，要考察一下，对方是否有资格代表法人与自己签订合同或从事其他民事活动，必要时应要求对方出具法人的授权委托书，以防止自己的利益受损害。因为当对方无权代表法人时，可能会导致所签订的合同无效，其所代表的法人将拒绝履行合同义务。

三、实施民事法律行为的注意事项

（一）做完的事未经对方同意不能任意反悔

案例 3－8

村民甲在买东西时少了 20 元钱，正巧此时碰到村民乙，向乙借了 20 元钱。过了几天两人见面时甲对乙说：“借你的钱还没还呢，但我把钱都买了奖券，我就还你两张奖券吧，一年后可以兑现，不光有利息，如果运气好的话还能中奖。”乙欣然同意并接过甲给的奖券。一年后乙真的中奖了，奖金 2 万元。甲的妻子听说后找到乙提出：奖券是甲买的，并要求赎回。乙不同意，那么双方争议的奖券到底应该归谁所有呢？

评　析

甲向乙借 20 元钱，并主动提出变更还钱的方式即以奖券抵债，双方都希望通过这种方式消灭原来的债权债务关系，这是一种合法的变更民事权利、民事义务的行为。这种变更行为自成立时起即具有法律约束力。只要甲将奖券交给了乙，奖券的所有权就转移给了乙，奖券上所载明的财产权利也一并转移。因此，奖券兑奖所得应归乙方所有。

民事法律行为是公民或法人设立、变更、终止民事权利和民事义务的合法行为，从成立时起具有法律约束力。行为人非依法律规定或者取得对方同意，不得擅自变更或者解除。

（二）符合法定条件的行为才能得到法律保护

案例 3－9

某村少年甲因父母外出打工，即擅自作主将家里闲置的房屋卖给另一村民乙，获利 1 万元。后甲父母发现，提出异议，要求取消这笔房屋买卖交易。那么少年甲卖房的行为在法律上有没有效力，父母有没有权利反悔收回自家的房屋呢？

评 析

解决这一问题需要了解民事法律行为的有效条件：前面讲述过公民民事法律行为能力问题。16 岁少年属于限制民事行为能力人，只能进行与其年龄、智力相适应的民事活动。买卖房屋的行为对他来说太重大了。超出了他的能力所限，因此是无效的，他的父母可以反悔，主张房屋买卖无效而收回房屋。

公民实施法律行为时要特别注意符合下列法定条件：

1. 公民应具有相应的民事行为能力 完全民事行为能力人可以单独实施法律行为，但限制行为能力人只能进行与其年龄、智力和精神健康状况相适应的民事活动，无行为能力人一般不能独立进行民事活动，但纯获利益的活动二者均可为之。

2. 意思表示真实 意思表示真实，指的是行为人的内心想法是自己自觉自愿的，并且与表达出来的意思相一致。换句话说不是在受他人欺诈、胁迫之下作出的违心行为；二是意思表示无误，是自己内心真实意愿的反映，没有因重大误解等原因而表达错意。

3. 不违反法律或者社会公共利益 行为内容不得与法律的强制性或禁止性规范相抵触，不得滥用法律的授权或规定来规避法律。具体要求表现在三个方面：标的合法、形式合法、不存在以合法形式掩盖非法目的。

某些情况下，公民、法人虽然实施了设立、变更、终止民事权利和义务的行为，但因违反了上述法律规定的条件，可能会导致该行为无效或可以变更、撤销。

民事法律行为无效的原因主要包括：第一，行为人不具有相应的行为能力；第二，行为人虽然实施了某一行为，但是由于对方的欺诈、胁迫或者乘人之危，导致行为违背了自己的真实意愿；第三，双方当事人之间恶意串通，损害国家、集体或者第三人的利益；第四，违反法律或社会公共利益；第五，以合法的形式掩盖非法的目的。

案例 3－10

村民刘某买回三只羊，回到家里不久卖羊的人追赶上门，说自己把羊的品种搞错了，这个品种比刘某想买的品种多出很多钱，如果刘某不想加钱，他就不卖了，双方退货就行了。刘某很不高兴，成交的交易怎么可以再反悔呢？

评　析

民事法律行为成立后就生效，不得任意反悔。但是在一方有重大误解的情形下是可以请求变更或撤销的。本案中如卖方所述属实，即可适用此项法律规定。再如某商店售货员因错标了商品价格，将价值7 000元的照像机误作700元卖出，与此同类。

民事行为虽已实施，但可以请求变更或者撤销的情形有：

一种是行为人对行为内容有重大误解的民事行为。即行为人因对行为的性质，对方当事人，标的物的品种、质量、规格和数量等的错误认识，使行为的后果与自己的意思相悖，并造成较大损失的行为。这种行为就属于重大误解的民事行为。另一种是显失公平的行为，即双方当事人的权利义务明显不对等，利益严重失衡。

对于重大误解或者显失公平的民事行为，当事人请求变更的，人民法院应当予以变更或撤销。可变更或者可撤销的民事行为，自行为成立时起超过1年当事人才提出请求的，人民法院不予保护。

四、民事活动的代理

案例 3－11

甲开了一农产品销售公司，甲是公司法定代表人，但甲对相关农产品的质量、价格等并没有很多经验。公司的职工乙长期贩卖农产品，经验丰富。于是甲经常派乙与客户去协商采购和销售事宜，由乙代表公司去签订合同。那么，乙在此处于什么法律地位？他签字的合同对公司是否发生效力呢？

评析

在工作和生活中，由于经验或精力等原因，人们对于许多事情并不都是事必躬亲，经常委托他人代自己去办理，因此民法专门规定了代理制度。本案中乙代表公司去与客户协商和签订合同，就属于代理行为。只要公司为其出具《授权委托书》，乙没有走出授权范围与对方签订合同，就是合法有效的，合同产生的法律后果应由公司承担。

民法上的代理，是指代理人在代理权限范围内，以被代理人的名义实施法律行为，该行为产生的法律效果由被代理人承担的法律制度。代理有时是基于被代理人的委托授权而发生，如农民赵某因盖房屋急需木材，委托朋友代自己购买，这种代理属于委托代理。有时是根据法律的直接规定而产生，如百日婴儿向法院起诉案中，婴儿的爷爷、奶奶代他起诉，这种代理属于法定代理。有时是指根据人民法院或者有关单位的指定而发生的代理，这种叫指定代理。无论是公民个人还是单位，都可以按法律规定由代理人代行相应的权利、履行相应的义务，关键是要授权范围规定明确，代理人不逾越授权范围做事即可。代理人的授权范围可以书面的《授权委托书》中明确规定。

学习任务3　打官司要及时

任务描述

俗话说“有理走遍天下”，但是在法律上这话还真得推敲一下。有的时候有理也未必能打赢官司，在民法上就有一种“诉讼时效”的

规定，目的就是催促权利人尽快行使自己的权利，否则可能“过了这村没这店”，有理也会输官司。

一、诉讼时效的概念

案例 3-12

2010 年 3 月李老汉借给邻居 800 元钱，约定 3 个月归还，但过了约定的时间邻居并未还钱，李老汉多次口头催还未得，直到 2012 年“十一”过后，李老汉决定向法院起诉，用法律手段保护自己的合法权益。但法院的判决却让他大失所望，因为超过了诉讼时效，他的诉讼请求被驳回。

评 析

依据民法通则规定，李老汉的诉讼时效应自邻居还款期限届满之日起 2 年。

诉讼时效是指在法定期间内，当事人如果不行使自己的权利，就丧失在诉讼中的胜诉权的制度。诉讼时效制度的目的在于促使权利人及时行使权利，对怠于行使权利者进行制裁，使民事权利义务关系尽快稳定下来。

二、诉讼时效的规定

《中华人民共和国民法通则》规定，诉讼时效的期间为 2 年，但下列事项的诉讼时效为 1 年：

（1）身体受到伤害要求赔偿的。

（2）出售质量不合格的商品未声明的。

（3）延付或拒付租金的。

（4）寄存财物被丢失或损毁的。

诉讼时效自权利人知道或应当知道权利被侵害之日起计算，但从权利被侵犯时起超过20年的，无论当事人何时知道权利被侵犯，人民法院都不予保护。

关于诉讼时效，民法上还有一些特殊规定，包括诉讼时效的中止、延长等。如上述案例中，李老汉如果在向邻居催款的过程中，如果要求对方以新的时间为准，重新打一张借条，那么诉讼时效2年就从新的时间重新开始计算，当李老汉向法院起诉时，就不会因错过时效而输掉官司。掌握了诉讼时效，我们就应知道，“时间不等人”，千万不要因为时效已过而有理输官司。

单 元 小 结

本单元讲述了民法所调整的范围，即平等主体的财物产关系和人身关系。掌握这一规定便可区分出现实生活中发生的各种现象、纠纷等哪些需要依据民法规范来解决。民法的基本原则合法原则、平等原则、意思自治原则、诚实信用原则、权利不得滥用原则。

本单元还介绍了公民的民事权利能力概念、法人的概念、公民进行民事法律行为时的注意事项和民事活动的代理问题。

打官司要及时，主要告诉大家要了解诉讼时效的规定。

复 习 思 考 题

1. 哪些法律关系适用民法调整？
2. 民法的基本原则有哪些？
3. 什么是公民的民事权利能力？民法对此如何规定？
4. 公民的民事行为能力分为哪几种类型？
5. 什么是“法人”？
6. 什么是代理？
7. 民法关于诉讼时效的一般规定是什么？

第四单元
民法对人身权利和财产权利的保护

学习任务1　民法对人身权的保护

任务描述

日常生活需要以生命、健康为基础，每个人都拥有身体权、姓名权、名称权、肖像权、名誉权、荣誉权、隐私权、自由权等人格权，也会在日常生活中与配偶、亲戚等形成密切的亲情关系。那么，民法对这些人格权和身份权是如何规定的呢？了解了这些主要规定，能更好地维护自己的权利。

一、人身权的范围

民法保护民事主体的人身权。人身权包括人格权和身份权：

（1）人格权主要包括的内容：生命权、健康权、身体权、姓名权、名称权、肖像权、名誉权、荣誉权、隐私权、自由权。

（2）身份权包括配偶权、亲权、亲属权。

二、侵害人身权的后果

案例4-1

两个村民到县里一家超市购物，这家超市开价售货，允许顾客自带包、袋，并在市场门口张贴公告，声称收银员有权对顾客的包袋进行检查。当两名村民购物后离开市场时，被服务员拦回，并被质问二人是否拿了市场里的东西。随后将二人带进办公室，打开提包、解开外衣、摘下帽子强行检查，最后没有发现偷拿东西才放走。两名村民很愤怒，觉得受到了歧视和侮辱，遂以对方严重侵害了自己的名誉为由向法院起诉，要求判令对方赔礼道歉，赔偿精神损失。

评 析

根据《中华人民共和国民法通则》的规定，公民、法人享有名誉权，公民的人格尊严受法律保护，禁止用侮辱、诽谤等方式损害公民、法人的名誉。本案中被告方的工作人员因怀疑原告偷拿了市场里的东西，本应按法定程序调查处理，被告自己没有权利对顾客进行搜查，但是，被告的工作人员却在公众场合叫住原告，而且对其进行搜查，这种行为损害了原告的名誉权，应当承担侵权的民事责任。

公民的人身权受民法保护，侵害公民人身权的，要承担相应的法律责任。《中华人民共和国侵权责任法》进一步明确规定：侵害民事权益，应当依照本法承担侵权责任。民事权益，包括生命权、健康权、姓名权、名誉权、荣誉权、肖像权、隐私权、婚姻自主权、监护权等人身权益和其他财产权益。

对于侵犯上述民事权益的行为，应当承担侵权责任的方式主要有：

（1）停止侵害。

（2）排除妨碍。

（3）消除危险。

（4）返还财产。

（5）恢复原状。

（6）赔偿损失。

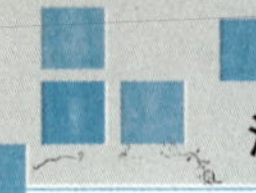

（7）赔礼道歉。

（8）消除影响、恢复名誉。

以上承担侵权责任的方式，可以单独使用，也可以合并使用。

《中华人民共和国侵权责任法》还规定：

（1）侵害他人造成人身损害的，应当赔偿医疗费、护理费、交通费等为治疗和康复支出的合理费用，以及因误工减少的收入。造成残疾的，还应当赔偿残疾生活辅助具费和残疾赔偿金。造成死亡的，还应当赔偿丧葬费和死亡赔偿金。

（2）被侵权人死亡的，其近亲属有权请求侵权人承担侵权责任。被侵权人为单位，该单位分立、合并的，承继权利的单位有权请求侵权人承担侵权责任。

（3）被侵权人死亡的，支付被侵权人医疗费、丧葬费等合理费用的人有权请求侵权人赔偿费用，但侵权人已支付该费用的除外。

（4）侵害他人人身权益造成财产损失的，按照被侵权人因此受到的损失赔偿；被侵权人的损失难以确定，侵权人因此获得利益的，按照其获得的利益赔偿；侵权人因此获得的利益难以确定，被侵权人和侵权人就赔偿数额协商不一致，向人民法院提起诉讼的，由人民法院根据实际情况确定赔偿数额。

（5）侵权行为危及他人人身、财产安全的，被侵权人可以请求侵权人承担停止侵害、排除妨碍、消除危险等侵权责任。

（6）侵害他人人身权益，造成他人严重精神损害的，被侵权人可以请求精神损害赔偿。

学习任务2　民法对财产权利的保护

任务描述

法律的一个重要功能是定纷止争，尤其是在财产方面。依据民法能确认财产归谁所有、归谁使用、谁有权出租出卖；如果财产权受到损害，侵权者应承担相应的法律责任。对农民来说，集体土地所有权、个人财产所有权、宅基地使用权都是自己最重要的财产权，应当了解其主要权利内容，更好地维护自己的权益；同时农村邻里关系经常发生纠纷，我们应当遵守法律规定来处理好邻里关系。

一、农民的集体所有权

所有权是指财产的所有人按照自己的意志依法对自己的财产进行占有、使用、收益和处分，并排斥他人干涉的权利。

（一）农民集体所有财产范围

（1）法律规定属于集体所有的土地和森林、山岭、草原、荒地、滩涂。根据宪法规定，农村和城市郊区的土地，除由法律规定属于国家所有的以外，属于集体所有（这里仅指农村集体，不含城市集体）。

（2）集体企业的厂房、仓库、设备、工具等生产设施，集体所有的农田水利设施及公益设施。

（3）集体企业的生产原材料、成品半成品、村公路、农村敬老院等。

农民集体所有的财产属于本集体成员集体所有，成员之间是平等的，其成员往往就是当地的村民及其所生子女。农民只能在一个集体内享有成员权利，不能同时享有两个或多个集体成员权利。

在我国农村集体所有权行使方式主要有三种情况：一是由村农民集体所有，由村集体经济组织或村民委员会代表集体行使所有权；二是分别属于两个以上生产队或村民小组所有；三是属于乡镇农民集体所有。需要说明的是：农民集体经济组织、村委会和村民小组并不是集体财产的所有人，只是依法代表集体行使所有权，并且向所属集体负责，接受其监督。

（二）集体事务的民主管理

物权法规定：一是涉及农民集体成员重大利益的事项，必须依照

法定程序经由本集体成员决定。农村集体的土地承包方案、个别土地在承包经营人之间的调整、土地补偿费的使用和分配、集体出资的企业所有权变动均属于重大利益事项。二是集体财务实行公开制度。如集体经济组织须向本集体成员公布集体财产的状况。

（三）侵害集体财产的法律责任

案例 4－2

某村村委会原主任甲骗取退耕还林补助款，受到开除党籍处分，被依法判处有期徒刑 3 年、缓刑 4 年，收缴违纪违法所得。

案例 4－3

某村党总支书记乙等 6 人私分村集体资金，分别受到开除党籍处分，被依法判处有期徒刑 1 年、缓刑 2 年和有期徒刑 1 年、缓刑 1 年，收缴违纪违法所得。

案例 4－4

某村党支部书记丙骗取泥草房改造款，受到开除党籍处分，被依法判处有期徒刑 1 年、缓刑 2 年，收缴违纪违法所得。

评 析

有的集体经济组织负责人违反法定程序和章程规定，擅自决定或者以集体的名义决定，低价处理、私分、侵占集体所有的财产，严重侵害了集体成员的财产权益，这种行为应受到法律制裁。

物权法规定集体成员有权请求人民法院撤销集体经济组织、村民委员会或其他负责人作出的不当决定。

二、农民个人财产所有权

除农民集体所有的财产权外，农民私人所有的合法财产也受法律保护，包括收入、房屋、生活用品、生产工具和原材料、储蓄、投资、继承的遗产等。农民个人可对自己的财产享有占有、使用、收益、处分的权利。

（一）民法保护个人财产所有权的规定

公民的个人财产，包括公民的合法收入、房屋、储蓄、生活用品、文物、图书资料、林木、牲畜和法律允许公民所有的生产资料以及其他合法财产。公民的合法财产受法律保护，禁止任何组织或者个人侵占、哄抢、破坏或者非法查封、扣押、冻结、没收。

对于侵害公民个人财产权的行为，同样适用前述关于民事责任承担方式的规定，即停止侵害；排除妨碍；消除危险；返还财产；恢复原状；赔偿损失；赔礼道歉；消除影响、恢复名誉。

以上承担侵权责任的方式，可以单独适用，也可以合并适用。

（二）共有财产所有权的两种类型

案例 4－5

甲、乙、丙三个农民按 5∶3∶2 的比例，共同出资购买一匹马。甲、乙、丙三人对这匹马如何使用呢？

评 析

这种按份共有的显著特征是：各共有人之间有明确的份额，这种份额可以均等也可以不均等；各共有人在自己的份额内享有权利、承担义务；共有人在不损害其他共有人利益的情况下，可以将自己的份额转让。在同等条件下，其他共有人有优先购买权。

甲、乙、丙三人即按5∶3∶2的份额拥有马的所有权，也按此比例分享权利承担义务。10天之内，甲有5天的使用权，乙则有3天使用权，而丙则有2天使用权。如果该马生病，治疗须用100元，则甲负担50元、乙负担30元、丙负担20元。

案例 4－6

甲乙夫妻结婚，双方长期共同生活，男方在外打工，女方在家照顾子女。双方并未对家庭财物房屋及积蓄等作出约定。那么这些家庭财产属于谁所有呢？

评 析

所有的家庭财产应属于夫妻共同共有。生活中经常会碰到某项财产由两个或两个以上的人共同享有的情况，这种情况下，针对某一物体所产生的所有权只有一个，但一个所有权可以为多人享有。

共有有两种类型：按份共有和共同共有。按份共有是指两个或两个以上的主体按确定的份额对同一财产分享权利、分担义务的共有，如案例1。共同共有是指两个或两个以上的主体不分份额地对同一财产享受权利和承担义务，如夫妻共有财产、家庭共有财产。共同共有的特点是共有人之间，不论是权利还是义务都不确定份额。这种共有关系发生在共有人有较密切关系的情形下，如案例1－4－6。

三、相邻关系

案例 4－7

村民甲在其宅基地上自建住宅一栋，因房屋背朝大路，故在建好的房屋旁边垒出一道宽约1米、长约4米的过道以便通行。8年后邻居乙以甲的通道占用其土地为由，强行将该通道掘毁，致使甲无法通行。按照民法的相关规定，这一纠纷应当如何处理呢？

评 析

《中华人民共和国民法通则》规定，不动产的相邻各方，应按照有利生产、方便生活、团结互助、公平合理的精神，正确处理截水、排水、通行、通风、采光等方面的相邻关系。乙作为甲的邻居，在甲垒建通道之初并未提出反对意见，该通道存在8年之久也足可以认定其已成为历史通道，该通道是甲一家出行的唯一通道，虽然乙享有该通道土地的使用权，但是其强制挖掘通道的行为侵犯了甲的相邻权。

在处理相邻关系时要遵守的原则是：有利生产、方便生活、团结互助、公平合理。如果法律、法规对处理相邻关系有明确规定，就按规定办；如果没有明确规定，可以按照当地习惯处理。

《中华人民共和国物权法》（简称“物权法”）的明确规定是：

（1）相邻之间应当提供用水、排水的必要便利。对自然流水的利用，要合理分配；对自然流水的排放应尊重自然流向。

（2）相邻之间应对通行等必要的利用提供便利。

（3）因建造、修缮建筑物以及铺设电线、电缆、水管、暖气和燃气管线等必须利用相邻土地、建筑物的，应当提供必要的便利。

（4）建造房屋要执行国家有关工程建设标准，不能妨碍邻居的通风、采光和日照。

（5）相邻不得违反国家规定弃置固体废物、排放大气污染物、水污染物、噪声、光、电磁波辐射等有害物质殃及邻里生活。

（6）在挖掘土地、建造建筑物、铺设管线及安装设备时，不得危及相邻不动产的安全；因用水、排水、通行、铺设管线等利用相邻不动产，应尽量避免造成邻里的损害；如果造成了损害，应当给予赔偿。

四、农村的宅基地使用权

案例 4-8

村民张某将其村内五间房屋出售给县里居民李某，李某按约给付张某购房款，张某将房屋交付李某使用。后张某以出售宅基地上所建房屋违反法律强制性规定为由将李某诉至县法院，要求确认双方签订的《房屋买卖合同》无效。

评 析

农民宅基地使用权是村民基于其身份关系而无偿取得的，只有本集体经济组织成员才有资格使用该经济组织的宅基地，故农民宅基地与特定的身份关系相联系，不允许非法转让给城镇居民。

本案争议焦点是张某与李某房屋买卖协议是否有效。法院经审理查明，李某户籍地属于城市镇居民，双方房屋买卖协议标的物其所在地块属于该村集体所有。张某虽转让的是房屋，但根据“地随房走”的原则，张某在转让房屋的同时必然涉及宅基地的转让，而农村宅基地的所有权属于集体经济组织，由集体经济组织成员占有、使用，城市居民无权取得。该买卖行为违反了相关规定，该行为无效。

物权法规定：宅基地归集体所有，其用途就是建造住宅及其附属设施，它是农民的安身之本，带有社会福利性质。在处理宅基地问题时，要遵守物权法和《中华人民共和国土地管理法》（简称“土地管理法”）的相关规定，主要内容有：

（1）村民一户只能拥有一处宅基地，面积不得超过标准。多出的宅基地，要依法收归集体所有。

（2）村民建住宅应符合乡（镇）土地利用总体规划，并尽量使用原有的宅基地和村内空闲地。村民住宅用地，要经乡（镇）人民政府审核，由县级人民政府批准。占用农用地建住宅的，还要履行特别审批手续。

(3) 村民出卖、出租房屋后，再申请宅基地的，不予批准。

(4) 宅基地使用权不得抵押。

(5) 禁止城镇村民在农村购置宅基地。

学习任务3 签好合同守好权利、义务

任务描述

合同法主要规范合同的订立、合同有效和合同无效及合同的履行、变更、解除、违约责任等问题。对于农民来说，土地承包、购买生产资料、销售农产品等活动中经常会用到合同。了解合同法所规定的基本知识，对于签好合同、诚信守约、合法维权至关重要。

一、合同的概念和特征

合同是当事人之间设立、变更、终止民事权利和民事义务的协议。对于婚姻、收养、监护等有关身份关系的协议，不适用合同法的规定。

合同的特征包括以下几个方面：

案例 4－9

农民张某想转让自己的彩电，宋某想买，二人签订了一份合同，约定宋某支付给张某500元，彩电即归宋某所有。但合同订立后，张某又反悔了，因为他听说自己的彩电可以卖600元，于是想另寻买主，但宋某执意要张某按合同约定履行，双方发生纠纷。

评 析

宋某完全有理由要求张某履行合同，因为合同既然已经订立，就具有法律约束力，不按合同约定履行义务的行为属于违约行为，要承担违约责任。

特征1：合同是一种民事法律行为。只要合同当事人订立合同的意愿和行为是合法的，合同即对当事人有约束力，并受国家法律保护。

案例 4－10

赵老汉的自行车借给王某，但王某路上与人相撞，将自行车严重损坏。赵老汉要求王某赔偿，王某同意给赵老汉40元钱，由赵老汉自己进行修复。双方就此口头达成一致。这种口头协议有没有用呢？

评 析

赵老汉与王某的口头协商内容也是合同。虽然未以书面的形式表达出来，但完全符合合同的特征，其内容约定的是双方的权利义务关系。

特征2：合同的内容是设立、变更或终止民事权利义务。

案例 4－11

村民刘某想出卖自己的房屋，李某有意购买，双方进行多次协商，但最终因价款问题，未形成一致意见，房屋买卖未能成交。

评 析

双方并未订立合同，因为双方当事人意见没有达成一致。

特征3：合同的成立必须有双方或多方当事人互相表达意见，并且意见须达成一致。

案例 4-12

村民杨某买了奶牛，同日杨某又同村民甲达成购买饲料的口头协议，杨家自购的饲料不慎失火烧光，杨便找到甲请求提前交付饲草。甲借此提出以所购牛一半的价格购买杨的两头牛，来折抵饲料款。杨迫于大雪封山，奶牛急需饲草，又没有别的办法而被迫同意。但数日后，杨又找到甲，要求再以原价买回奶牛，被甲拒绝，双方发生纠纷。

评 析

杨与甲买卖已做，合同已履行，但是根据《中华人民共和国合同法》的规定，甲的行为属于乘人之危，使对方在违背真实意愿的情况下，被迫接受苛刻条件而订立的合同，这种合同虽已履行，但当事人可申请予以变更或撤销。

特征 4：合同是当事人在平等自愿的基础上，意愿真实表达一致的民事法律行为。

二、合同订立的程序

案例 4-13

一家农产品公司向一承包经营户发出要约，要求以 10 万元的价格购买承包户种植的水果，承包户给农产品公司回信表示，10 万元的价格太低了，自己辛苦一年不能赔本，提出以 12 万元的价格向农产品公司出售。农产品公司迅速答复表示同意承包户的要求。但此时，承包户又反悔，要求农产品公司以 13 万元的价格购买，农产品公司不同意，双方为此发生争议。

评 析

农产品公司首先向承包户发出了要约，但承包户的第一次回复并不构成承诺，因为与要约的内容不一致，只能视为一个新的要约，农产品公司对承包户的新的要约，在合理期限内答复同意，则属于承诺，而承诺生效时合同成立。因此，在农产品公司承诺的情况下，承包户应当受自己发出的要约的约束，有义务与对方按 12 万元的价格履行这份合同。如果农户对自己的承诺有反悔，可以撤回承诺，但撤回承诺的通知应当在承诺通知到达要约人之前或者与承诺通知同时到达要约人。

合同的订立过程有时简单，有时复杂。因为合同标的的数额有大有小，双方当事人有的容易达成一致意见，有的则需要经过多次的谈判才成趋于一致。但无论是简单还是复杂的过程，都包含着以下步骤：

（一）要约

要约是表达希望和他人订立合同的意愿。这种意愿表达应当内容具体确定；表明经受要约人承诺，要约人即受该意愿的约束。要约成立要具备以下条件：

（1）要约是特定合同当事人的意愿表达。发出要约的目的在于订立合同，必须使接受要约的人明白是谁发出了要约以便承诺。

（2）要约必须向希望与之缔结合同的相对人发出。相对人在一般情况下是特定的，可以是一个人，也可以是多个人。

（3）要约人必须在要约中向相对人表明，该要约经相对人承诺，要约人就要受到约束，负有与相对人订立合同的义务。相对人一旦承诺合同即成立。

（4）要约的内容必须是确定的和完整的。

要约与要约邀请应注意区别开来，要约邀请是希望他人向自己发出要约的意思表示。寄送的价目表、拍卖广告、投标公告、招股说明书、商业广告等为要约邀请。商业广告内容符合要约规定的，视为要约。要约到达要约人时生效。要约可以撤回，撤回要约的通知应在要约到达受要约人之前或者与要约同时到达受要约人。

（二）承诺

承诺是受要约人同意要约的意思表示。承诺应具备下列条件：

（1）承诺必须是由受要约人做出的。第三人进行的承诺不是承诺，只能视为对要约人发出的要约。

（2）承诺必须向要约人做出。如果不是向要约人做出，则作出的承诺就不被视为承诺，达不到与要约人订立合同的目的。

（3）承诺的内容必须与要约保持一致。如果受要约人在承诺中对要约的内容加以扩张、限制或者变更，便不能构成承诺，而视为对要约的拒绝，并同时提出一项新的要约。

（4）承诺必须在要约的有效期限内做出。如果受要约人超过承诺期限，或者超过合理的期限作出承诺的，应认为是新要约。

承诺生效时合同成立。当事人采取合同书形式订立合同的，自双方当事人签字或盖章时合同成立。

三、合同的主要条款

合同内容由当事人约定。实践中发生的合同纠纷，有许多是由于合同条款订立得不够完备造成的。因为合同约定的内容如果过于粗疏，就会为日后的履行留下隐患。因此，预防合同纠纷，首先要从合同的订立着手。

不同的合同有不同的内容，不同的当事人有不同的要求。因此，订立合同要从实际需要出发，酌情约定合同的内容。一般而言，合同的下列条款必不可少：

（一）当事人的名称或者姓名和住所

案例 4－14

甲公司急于推销自己的产品，恰逢乙公司主动上门，表示愿意代为销

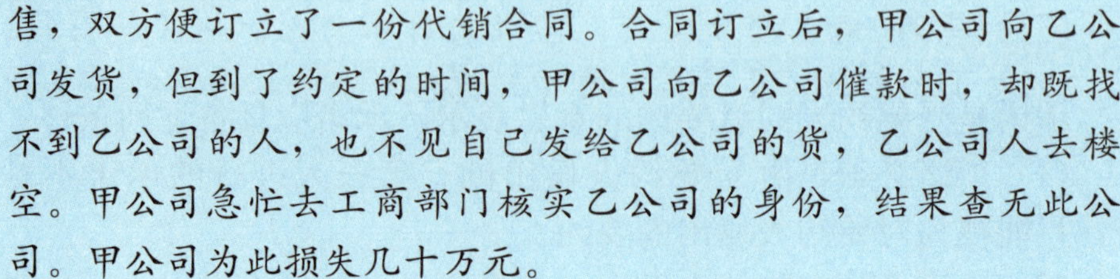
售，双方便订立了一份代销合同。合同订立后，甲公司向乙公司发货，但到了约定的时间，甲公司向乙公司催款时，却既找不到乙公司的人，也不见自己发给乙公司的货，乙公司人去楼空。甲公司急忙去工商部门核实乙公司的身份，结果查无此公司。甲公司为此损失几十万元。

评 析

当事人的名称、姓名、住所要注意书写准确，特别是当对方当事人为法人单位时，最好结合对对方真实性的审查，将对方的营业执照复印件留存，必要时，还要根据营业执照上所记载的内容，到工商部门去查验核实，以防止对方身份有假而上当受骗。

（二）标的

案例 4－15

农民甲乔迁新居，去县城家具店买了新床、新沙发。这是订立和履行合同的行为，这份合同的标的就是床和沙发这套家具。

案例 4－16

农民甲与城里居民乙签字画押，甲将自己的宅基地卖给乙。这是违法的，即使合同订立了，也得不到法律的保护。

案例 4－17

一个建筑承包队代建房者去购买五金商店的电料，合同仅简单写一句话：“购买电料一万元，送货上门”。此后商店清理了自己的库存，将价值1万元的电料送到建筑工地。对方清点验收之后提出，有些电料用得上，有些用不上，要求部分退货，但遭到商店拒绝。商店答复说：“你只写了买电料，没写具体要什么规格、型号，送来的这些货都是电料。”双方为此发生纠纷，这就是因为标的不明确造成合同无法履行。

评 析

标的是指合同双方当事人权利义务共同指向的对象。订合同时注意，首先标的不能是法律禁止的内容；其次要注意一定要把标的写清楚、写具体，不要含混不清，影响实际履行。

（三）数量

规定标的的数量时须注意，数量要写有计量单位，而且要尽量采用标准的计量单位，如米、吨、千克等。如果使用了民间常用的计量方法，如一包、一捆、一箱，还须明确规定，一包是多少、一捆是多少、一箱是多少，以免发生歧义。

（四）质量

关于产品质量的合同纠纷，在现实生活中也比较多。当事人双方往往就交付的标的物质量是否符合标准发生争执，这种情况下，合同中约定的质量标准条款显得尤为重要，它是判断是非的依据。因标的种类不同，对于质量标准的规定形式不一。有的可明确约定质量标准，如某一行业、某一部门、某一年度颁发的关于……的标准；有的采取以样品作为标准的方式；还有的以产品说明书所载明的功能等内容为标准。如果以样品作为质量标准，要求双方共同把样品封存起来，以备日后作为检验的依据。总之，质量标准也要明确、具体，切忌采用“保质保量”一类的空洞的话语，一旦发生争议，空话不能作为产品质量的检验依据。

（五）价款或者报酬

价款的数额、支付方式、具体支付期限要明确约定，这往往是当事人最为关注的一项条款。

（六）履行期限、地点和方式

案例 4-18

一镇政府（甲方）将自己的一套房屋出租给某乙做生意，租房合同上对出租期限表述为："甲方出租房屋给乙方，到房屋拆除时为止。"因为当时有消息说，出租房屋所在地区要拆迁，故双方约定"到房屋拆除时为止"。但后来情况有所变化，该地区并不拆迁。甲方想把房屋收回自用，被乙方以"房屋没拆，期限未到"为理由拒绝。

评 析

这个案例说明，合同的履行期限约定不好，同样也会发生争议。因此，约定期限时，要认真、仔细地把各种情况考虑全面，避免犯类似的错误。履行的地点和方式也很重要，要根据具体情况明确约定。

（七）违约责任

案例 4-19

一果树承包户从当地的科研所购买了大批的果树苗，合同上明文约定标的物的品种为"红富士"，但树苗种下去1年以后却发现，长出来的并不是红富士，是其他品种，结果造成承包户的经济损失。

评 析

违约责任是指合同当事人违反合同时，应向对方承担的责任。违约情况经常发生，其实这种情况在合同订立时应当有所预见，双方当事人都应当想到如果对方不按合同约定履行义务时怎么办。虽然合同中未规定违约责任也可以依照法律的规定处理，并不影响合同的效力，但是，预见到这个问题，并在合同中约定处理的办法，一旦发生违约行为，容易区分责任，并尽快处理、解决，同时还可以警示、督促当事人履行合同义务，避免承担违约责任。

违约责任的承担方式包括以下几种：

（1）支付违约金。违约金具有补偿性，约定违约金为违约的损害赔偿。

（2）赔偿损失。赔偿损失的条件是：第一，合同当事人存在违约行为；第二，违约行为造成了对方的损失。损失应当是实际发生的，或订立合同时预见或应当预见的，并且是可以确定的；第三，违约行为与损害结果之间有因果关系。

（3）继续履行。即要求违约方按照合同约定的标的继续履行义务。

（4）支付定金。定金的数额不得超过主合同标的额的20%。给付定金的一方不履行约定的债务的，无权要求返还定金；收受定金的一方不履行约定的债务的，应双倍返还定金。

（5）其他补救措施。如修理、更换、重做、减价或退货。

（八）争议解决的办法

争议的解决办法有协商、仲裁、诉讼三种方式。一般来说，发生争议，首先要由当事人协商解决，协商不成时，就应采取仲裁或诉讼方式。选择仲裁方式，必须要有当事人的一致同意，而且选择了仲裁，就不能再到法院打官司。如果约定诉讼方式解决争议，还可以进一步约定管辖的法院，可以是被告住所地、合同履行地、合同签订地、原告住所地、标的物所在地法院，但只能择其一种，并不得违反民事诉讼法关于级别管辖和专属管辖的规定。

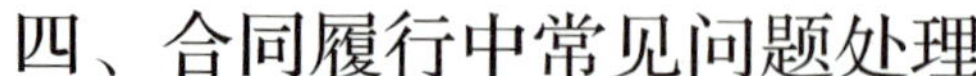

四、合同履行中常见问题处理

（一）关于合同的形式

合同的形式可以采取口头形式、书面形式和其他形式，但因口头形式在发生纠纷时无据可查，与其相比，书面形式则有易于举证的优点。

（二）合同内容不明确时如何履行

合同订立后，当事人应当全面的、适当的完成其合同义务，但合同履行中有时会遇到合同主要内容不明确的情况，处理的方法是：

1. 没有约定或约定不明时的处理原则　合同生效后，当事人就质量、价款或者报酬、履行地点等内容没有约定或者约定不明的，可以协商补充；不能达成补充协议的，按照合同有关条款或者交易习惯确定。

2. 约定不明条款的具体处理规定　当事人就有关合同内容约定不明确，可以协议补充；不能达成补充协议的，按照合同有关条款或者交易习惯确定。不能确定的，按下列原则处理：

（1）质量要求不明确的，按照国家标准、行业标准履行；没有国家标准、行业标准的，按照通常标准或者符合合同目的的特定标准履行。

（2）价款或者报酬不明确的，按照订立合同时履行地的市场价格履行；依法应当执行政府定价或者政府指导价的，按照规定履行。

（3）履行地点不明确，给付货币的，在接受货币一方所在地履行；交付不动产的，在不动产所在地履行；其他标的，在履行义务一方所在地履行。

（4）履行期限不明确的，债务人可以随时履行，债权人也可以随时要求履行，但应当给对方必要的准备时间。

（5）履行方式不明确的，按照有利于实现合同目的的方式履行。

（6）履行费用的负担不明确的，由履行义务一方负担。

学习任务4　农村常见侵权行为

任务描述

侵害了他人的民事权益应当依法承担民事责任，受损害的人有权请求加害人承担侵权责任。以下内容介绍了承担侵权责任的构成和承担责任的方式以及各种侵权的具体情形，掌握这些规定，当各种侵权行为发生时，我们可以民法为依据来保护自己的合法权益。

一、侵权责任的判定

案例 4－20

村民小毛进城打工，某晚到一小区茶坊为其师傅干杂活，到楼下倾倒垃圾并焚烧。突然旁边化粪池铁井盖飞起，砸到小毛的脸上，使他仰面跌倒，造成伤残。小毛认为他是因小区建筑设施遭受人身损害，作为小区所有人和管理人的物业公司应承担民事责任。

评　析

本案中物业公司没有过错，化粪池的设计及铁井盖的安装均符合有关标准，被告在事发前1个月还对下水道及化粪池进行了清淤，尽到了合理限度内的管理职责。而受害人小毛也无过错：在倒垃圾时对其中不宜外传的字纸进行焚烧，符合人们的日常生活习惯，铁井盖因受热爆飞不是人们仅凭生活经验就可以判断的，尽管热胀冷缩的道理众所周知。所以对这起意外事故，原被告双方均无过错。根据《中华人民共和国民法通则》相关规定，物业公司应分担小毛部分损失。

在确定一个人的行为是否应当承担侵权责任时，依据以下原则来判定：

（1）过错责任原则。由于过错侵害他人人身、财产的，应当承担侵权责任。

（2）过错推定原则。依照法律规定，推定侵权人有过错的，受害人不必证明侵权人过错；侵权人能够证明自己没有过错的，不承担侵权责任。

（3）无过错责任原则。没有过错，但法律规定应当承担侵权责任的，应当承担侵权责任。

（4）公平责任原则。《中华人民共和国侵权责任法》（简称“侵权责任法”）第二十四条：“受害人和行为人对损害的发生都没有过错的，可以根据实际情况，由双方分担损失。”

二、农村常见的侵权类型

（一）监护人承担责任的规定

案例 4－21

村民张大毛有个 10 岁的儿子在校读书，因与同学发生争吵，将同学打伤，经送医院治疗，花费 8 000 余元。被打学生家长要求张大毛赔偿，张大毛认为被打孩子自身有错，爱上老师面前告状，惹恼了自己儿子，只同意赔偿 2 000 元。

评　析

被监护人致害时，监护人应当承担赔偿责任。所以张大毛应当对儿子打伤同学的行为进行赔偿，其主张的理由不能成立。

侵权责任法规定：未成年人、精神病人造成他人损害的，由监护人承担侵权责任。监护人尽到监护责任的，可以减轻其侵权责任。如果未成年人、精神病人有财产，从本人财产中支付赔偿费用。不足部分，由监护人赔偿。

（二）个人劳务关系侵权责任的规定

案例 4－22

村民刘某雇用两名外地人为自家收割晚稻，结果在运送稻谷劳作过程中，两名雇工没有控制好车头、也没拉住车尾，将路上一位老人撞伤。事故发生后两名雇工因害怕而逃走。那么，这一损害赔偿责任应由谁承担呢?

评 析

这涉及个人之间劳务关系侵权责任的承担问题，在这一事故中，两名雇工致老人受伤的损害赔偿责任应由村民刘某来承担。

侵权责任法规定：个人之间形成劳务关系，提供劳务一方因劳务造成他人损害的，由接受劳务一方承担侵权责任。提供劳务一方因劳务自己受到损害的，根据双方各自的过错承担相应的责任。

（三）公共场所发生损害的责任承担

案例 4－23

村民刘某儿子考上大学，全家人都特别高兴，但儿子才走不到一年就发生意外事件，在一次节日欢庆活动中发生踩踏事件，儿子不幸遇难。刘某是否有权利要求赔偿，又应该向谁要求呢?

评 析

刘某可以考虑要求赔偿，应当先确认该欢庆活动的组织者是谁，要求组织者承担未尽到安全保障义务的责任。

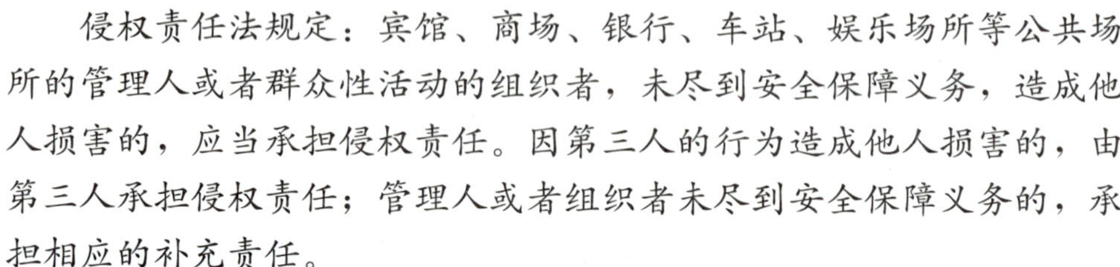

侵权责任法规定：宾馆、商场、银行、车站、娱乐场所等公共场所的管理人或者群众性活动的组织者，未尽到安全保障义务，造成他人损害的，应当承担侵权责任。因第三人的行为造成他人损害的，由第三人承担侵权责任；管理人或者组织者未尽到安全保障义务的，承担相应的补充责任。

（四）高度危险责任

案例 4－24

某地区森林虫害严重，县森防站决定租用民航飞机飞洒农药溴氰菊酯（敌杀死）用以灭虫。森防站召开区域有关人员会议，宣传了防止人身中毒有关注意事项，布置了信导员，但未确定飞机洒药的具体时间。当飞机在某村附近作业时，因导航人员安排迟延，致农药喷洒面积扩大，误将一些农药投入到附近村庄里，造成三户村民饲养的动物死亡，经济损失 3 万元。这三户农民的损失应当向谁索赔呢？

评 析

民法规定从事高度危险作业造成他人损害的，应当承担侵权责任。高度危险作业包括：民用核设施；民用航空器；易燃、易爆、剧毒、放射性；高空、高压、地下挖掘或高速轨道运输工具；遗失、抛弃高度危险物等作业。

侵权责任法进一步规定：占有或者使用易燃、易爆、剧毒、放射性等高度危险物造成他人损害的，占有人或者使用人应当承担侵权责任，但能够证明损害是因受害人故意或者不可抗力造成的，不承担责任。被侵权人对损害的发生有重大过失的，可以减轻占有人或者使用人的责任。

因此本案中三户农民的损失应当由负责喷洒农药作业的森防站予以赔偿。

（五）饲养动物造成损害的责任

案例 4－25

林某在镇上拣回一条狗饲养，经过一段时间的驯养，觉得已经驯熟，就放松看管。不久邻家小孩经过林某家门口时，被狗咬伤，送医院救治花费 900 元。孩子的父母要求林某予以赔偿，但林某认为狗是自己捡回来的，应该找原来的主人去赔。林某的主张是否能成立呢？

评　析

侵权责任法规定：饲养的动物造成他人损害的，动物饲养人或者管理人应当承担侵权责任，但能够证明损害是因被侵权人故意或者重大过失造成的，可以不承担或者减轻责任。同时还规定：遗弃、逃逸的动物在遗弃、逃逸期间造成他人损害的，由原动物饲养人或者管理人承担侵权责任。

本案中林某的狗虽然是他人遗弃或逃逸的动物，但是已经由林某加以收留饲养，林某已成为动物的饲养人，而并非是在遗弃、逃逸期间的动物致人损害，所以林某的主张不能成立，他应该承担赔偿责任。

（六）物件损害责任

案例 4－26

村民吴某在村边公路旁建房，在路上堆放许多建筑材料，结果将骑摩托车从此处路过的另一村民绊倒摔伤，治疗花费近 2 000 元。吴某认为被摔伤的村民自己不够小心拒绝赔偿，那么此纠纷依法应如何处理呢？

评　析

侵权责任法规定：在公共道路上堆放、倾倒、遗撒妨碍通行的物品造成他人损害的，有关单位或者个人应当承担侵权责任。因此吴某在此纠纷中应当承担赔偿责任。

与此类似的规定还有其他一些情形。侵权责任法里还规定：

（1）建筑物、构筑物或者其他设施及其搁置物、悬挂物发生脱落、坠落造成他人损害，所有人、管理人或者使用人不能证明自己没有过错的，应当承担侵权责任。所有人、管理人或者使用人赔偿后，有其他责任人的，有权向其他责任人追偿。

（2）建筑物、构筑物或者其他设施倒塌造成他人损害的，由建设单位与施工单位承担连带责任。建设单位、施工单位赔偿后，有其他责任人的，有权向其他责任人追偿。因其他责任人的原因，建筑物、构筑物或者其他设施倒塌造成他人损害的，由其他责任人承担侵权责任。

（3）从建筑物中抛掷物品或者从建筑物上坠落的物品造成他人损害，难以确定具体侵权人的，除能够证明自己不是侵权人的外，由可能加害的建筑物使用人给予补偿。

（4）堆放物倒塌造成他人损害，堆放人不能证明自己没有过错的，应当承担侵权责任。

（5）因林木折断造成他人损害，林木的所有人或者管理人不能证明自己没有过错的，应当承担侵权责任。

（6）在公共场所或者道路上挖坑、修缮安装地下设施等，没有设置明显标志和采取安全措施造成他人损害的，施工人应当承担侵权责任。井等地下设施造成他人损害，管理人不能证明尽到管理职责的，应当承担侵权责任。

单 元 小 结

本单元介绍了民法所保护的人身权的范围、侵害人身权的后果；介绍了财产权利保护法及与农民利益紧密相关的农民集体所有权、农民个人财产所有权、相邻关系以及农村宅基地使用权制度。

本单元还讲述了合同的概念与特征、合同的订立程序及主要条款、合同履行中常见问题的处理。

农村侵权行为也时有发生，本单元通过以案说法的形式，介绍了监护人承担责任的规定、个人劳务关系侵权责任的规定、公共场所发生损害的责任承担、高度危险作业致人损害的责任、饲养动物造成损害的责任以及物件损害责任。

复习思考题

1. 人身权包括哪些权利？
2. 农村集体事务如何实行民主管理？
3. 应当如何依法处理相邻关系？
4. 关于宅基地须遵守的法律规定有哪些？
5. 合同的法律特征是什么？
6. 承诺应具备哪些条件？
7. 合同的主要条款有哪些？
8. 合同内容不明确时如何履行？
9. 农村常见的侵权行为如何依法处理？

第五单元
婚姻、家庭和遗产继承

学习任务 1　结婚制度

任务描述

结婚要符合条件，否则可能使自己面临不利的境地：婚姻无效或被撤销。谁都不希望自己浪费感情、浪费精力、浪费钱财，最后却落得一个婚姻无效或者被撤销的结局，这就需要了解《中华人民共和国婚姻法》（简称“婚姻法”）对结婚有哪些规定。

案例 5-1

某村一对夫妻本是表兄妹，两人的母亲是同胞姐妹，虽然大家也模糊地知道，法律上禁止三代以内近亲结婚，但是这对表兄妹夫妻已经结婚十几年，而且有了女儿 11 岁，按俗话讲已是“生米煮成熟饭”，法律又能奈何呢？

女方小陈离家外出打工，年节临近，老公小张本指望节日妻子回家团圆，不料收到一纸诉状，妻子小陈向法院起诉称：自己与小张本是表兄妹，当年在双方母亲撮合下结婚，虽然育有一女，但夫妻感情已经破裂，自己外出打工长期未与老家联系，现请求法院判令：自己与小张的婚姻无效；女儿归自己抚养，小张支付生活费。

法院审理后作出判决：一是原、被告的婚姻关系无效；二是女儿由原告小陈抚养，被告小张每月给付抚养费 500 元，至女儿独立生活时为止。

评 析

结婚虽然是个人的私事，但还是要遵守国家法律的基本规定。如果违反了婚姻法所规定的条件，就可能导致婚姻无效。

在结婚问题上，有哪些重要法律规定要了解呢？

一、结婚的条件

为了保障婚姻当事人的合法权利和社会、民族的利益，防止非法婚姻的现象出现并蔓延，婚姻法对结婚的条件和程序作了明确规定，不符合条件和程序的婚姻不受法律保护。

1. 结婚的必备条件有以下三个

（1）双方必须符合一夫一妻的条件。要求结婚的人，只能是未婚、已婚丧偶或离婚的人。法律禁止重婚。

（2）必须男女双方完全自愿。婚姻法禁止包办、买卖婚姻和其他干涉婚姻自由的行为。

（3）结婚必须达到法定婚龄。婚姻法规定：结婚年龄，男不得早于22周岁，女不得早于20周岁。

2. 有下列情形之一的，禁止结婚

（1）直系血亲和三代以内的旁系血亲。我国农村许多地区长期流传“中表亲”结婚，这是有害的。法律禁止近亲结婚是为了保护民族健康，符合优生学的理论。国内外大量实例证明：血缘关系太近的亲属结婚，很容易把双方生理特点上的缺陷遗传下来，遗传病的发病率比非血缘婚姻高达150倍，婴儿死亡率高3倍多。直系血亲是指生育自己和己所生育的上下各代的亲属，如父母与子女之间、祖父母、外祖父母与孙子女、外孙子女之间。旁系血亲是指具有间接血缘关系的亲属，在血缘关系上与自己同出于一源的非直系血亲。如自己的同胞兄弟姐妹、堂兄弟姐妹、表兄弟姐妹、叔伯、姑母、舅父、姨母等。与自己同出于祖父母、外祖父母的人，为三

代旁系血亲，如堂兄弟姐妹、表兄弟姐妹，而同胞兄弟姐妹则属于二代旁系血亲。

（2）患有医学上认为不应当结婚的疾病的人禁止结婚。

二、结婚登记

要求结婚的男女双方必须亲自到婚姻登记机关进行结婚登记。符合婚姻法规定的，予以登记，发给结婚证。取得结婚证，即确立夫妻关系。未办理结婚登记的，应当补办登记。结婚登记应了解的主要规定如下：

（一）农民办理结婚登记机关

我国居民办理婚姻登记的机关是县级人民政府民政部门或乡（镇）人民政府，省、自治区、直辖市人民政府可以按照便民原则确定农村居民办理婚姻登记的具体机关。

对于农村居民来说，乡镇政府不再是农村地区办理结婚登记的唯一机关。

（二）办理结婚登记须出具的证件和材料

（1）本人的户口簿、身份证。

（2）本人无配偶以及与对方当事人没有直系血亲和三代以内旁系血亲关系的签字声明。

（三）不予登记的情形

办理结婚登记的当事人有下列情形之一的，婚姻登记机关不予登记：

（1）未到法定结婚年龄的。

（2）非双方自愿的。

（3）一方或双方已有配偶的。

（4）属于直系血亲或者三代以内旁系血亲的。

（5）患有医学上认为不应当结婚的疾病的。

三、无效婚姻和可撤销的婚姻

（一）无效婚姻

前述案例中，小陈与小张的婚姻并未因生米煮成熟饭而受法律保护，最后虽然女儿已 11 岁了，依然被法院判定婚姻是无效的。那么，可以导致婚姻无效的情形都包括哪些呢？我国婚姻法第 10 条规定，有下列情形之一的，婚姻无效：

（1）重婚的。

（2）有禁止结婚的亲属关系的。

（3）婚前患有医学上认为不应当结婚的疾病，婚后尚未治愈的。

（4）未达到法定婚龄的。

（二）可撤销的婚姻

可撤销的婚姻是指因胁迫结婚的情况。这种婚姻是有效还是无效不一定，如果一方当事人在结婚登记之日起 1 年内（被非法限制人身自由的，自恢复自由之日起 1 年内）提出撤销婚姻的请求，该婚姻则无效；如果当事人不行使撤销权，则该婚姻有效。受胁迫的当事人向婚姻登记机关请求撤销婚姻时，应出具本人的身份证、结婚证和能够证明受胁迫结婚的证明材料。

（三）无效和可撤销婚姻的法律后果

无效婚姻和被撤销婚姻的法律后果是：婚姻自始无效，双方不具有夫妻的权利和义务，该婚姻不受法律保护。对于双方同居期间所得的财产，按共同共有处理，但有证据证明为当事人一方所有的除外。双方当事人所生的子女适用婚姻法关于父母子女的规定。

学习任务2　家庭关系

任务描述

家庭成员之间的关系要和谐，虽然在日常生活中，人们并不一定严格对照法条与亲人相处，但婚姻法所规定的夫妻关系、父母子女关系、祖父母、外祖父母与孙子女、外孙子女以及兄弟姐妹的关系内容，是我们处理家庭关系的底线，触犯底线，可能会导致自己要承担法律责任。

案例5－2

农村老汉李某年老无依、生活困难，遂向法院起诉要求：4个继子女每人一次性支付5万元的基本赡养费与今后医药费等，合计20万元；一次性支付后，即与继子女解除关系，今后生老病死都不再要求他们承担责任，自己另找其他亲属照顾。

法院审理期间查明：李某早年与本案被告李甲、李乙、李丙、李丁的母亲郑某组成家庭，并长期帮助郑某照料其与前夫的4个子女，协助4个继子女分别成家。后李某与郑某年老多病，郑某因病去世。李某现在生活孤单、经济困难，虽然4个继子女也与其偶有往来，多少给其一些接济，但仍不能满足其正常生活的需要，陷入困难。

【法院判决】

（1）4个继子女有义务赡养李某，即使李某的其他亲属愿意照料其今后的生活，也不需要以解除其与继子女的关系为前提，故驳回李某要求解除关系的请求。

（2）李甲等4个继子女生活在农村，考虑其经济条件一次性支付赡养费有困难，故判决4人每月支付250元给李某。

（3）审理过程中李甲表示愿意照料李某的日常生活，法院也判决，李某的日常生活由李甲照料。

家庭关系即主要家庭成员之间的权利和义务关系。

一、夫妻关系

（一）夫妻人身关系。夫妻间的人身权利义务平等，主要内容有：

（1）夫妻姓名权。夫妻双方都有各用自己姓名的权利。子女可以随父姓，也可以随母姓。

（2）人身自由权。夫妻双方都有参加生产、工作、学习和社会活动的自由，一方不得对他方加以限制或干涉。

（3）住所决定权。夫妻有选择、决定夫妻婚后共同生活住所的权利。

（4）同居的权利和义务。夫妻双方有基于配偶身份同对方共同生活的权利和义务。

（5）相互忠实的义务。夫妻双方都有专一性生活的义务。

（6）实行计划生育的义务。

（7）互相帮助的义务。

（二）夫妻财产关系

1. 夫妻在婚姻关系存续期间所得的下列财产，归夫妻共同所有

（1）工资、奖金。

（2）生产、经营的收益。

（3）知识产权的收益。

（4）继承或赠与所得的财产，但遗嘱或赠与合同中确定只归夫或妻一方的财产除外。

（5）其他应当归共同所有的财产。

2. 下列财产为夫妻一方的财产

（1）一方的婚前财产。

（2）一方因身体受到伤害获得的医疗费、残疾人生活补助费等费用。

（3）遗嘱或赠与合同中确定只归夫或妻一方的财产。

（4）一方专用的生活用品。

（5）其他应当归一方的财产。

3. 夫妻约定财产 除上述法定的夫妻财产所有分配原则外，婚姻法还规定了夫妻可以约定婚姻关系存续期间所得的财产以及婚前财产归各自所有、共同所有或部分各自所有、部分共同所有。

4. 夫妻间的财产方面的权利义务主要有

（1）夫妻对共同所有的财产，有平等的处理权。

（2）夫妻有互相扶养的义务。一方不履行扶养义务时，需要扶养的一方，有要求对方付给扶养费的权利。

（3）夫妻间有互相继承遗产的权利，且属于第一顺序的继承人。

二、父母子女关系

（一）父母子女关系的三种情形

1. 父母与婚生子女和非婚生子女的关系 非婚生子女是指非夫妻关系所生的子女。在我国，非婚生子女的地位与婚生子女是完全相同的。

2. 养父母与养子女的关系 养父母与养子女的关系因合法收养而成立，养子女与生父母及其他亲属的权利义务关系，因收养关系的成立而消除。

3. 继父母与继子女的关系 继父母与继子女之间基于相互之间形成事实上的抚养，适用婚姻法关于父母子女关系的规定。即继父母与继子女长期共同生活，继父或继母负担了继子女生活费和教育费的一部或全部；继子女的生活费和教育费虽由生父或生母供给，但因长期共同生活，继父或继母对其生活上给予了教育和照料。上述情况下，继父母与继子女之间形成父母子女间权利义务关系，并且不能因继子女成年或独立生活而自然终止，一方要求解除这种关系，必须向人民法院起诉，由人民法院依据具体情况作出是否准许解除父母子女关系的判决。

（二）父母子女间的权利与义务

（1）父母对子女有抚养教育、管教和保护未成年子女的权利和义务。

（2）父母和子女有相互继承遗产的权利。

（3）子女应当尊重父母的婚姻权利，不得干涉父母再婚以及婚后的生活。子女对父母的赡养义务，不因父母的婚姻关系变化而终止。

三、祖父母、外祖父母与孙子女、外孙子女以及兄弟姊妹间的关系

婚姻法规定，有负担能力的祖父母、外祖父母，对于父母已经死亡或父母无力抚养的未成年的孙子女、外孙子女，有抚养的义务。有负担能力的孙子女、外孙子女，对于子女已经死亡或子女无力赡养的祖父母、外祖父母，有赡养的义务。

有负担能力的兄、姐，对于父母已经死亡或父母无力抚养的未成年的弟、妹，有扶养的义务。由兄、姐抚养长大的有负担能力的弟、妹，对于缺乏劳动能力又缺乏生活来源的兄、姐，有扶养的义务。

学习任务3　离婚制度

任务描述

婚姻以爱情为基础，如果夫妻感情破裂，法律上准许离婚。如何判定双方感情是否已经破裂，婚姻法规定了相应的准许离婚和限制离婚的条件，也规定了离婚后对子女及财产问题处理的原则。

案例5-3

男方杨某经人介绍与女方订婚。婚后不久发现女方有病，男方带其到医院进行治疗，发现女方在婚前隐瞒了病史。后男方外出打工，并给女方治病，但女方身体未见好转以致生活不能自理。男方遂将女方送回娘家生活，每年给女方口粮和若干现金。此后男方两次向法院起诉要求离婚，法院第一次驳回了男方的请求。第二次判决：准予双方离婚；男方须一次性支付给女方生活补助费8 000元。

评 析

离婚制度主要涉及准予离婚条件的适用及离婚后子女和财产问题的处理。本案中法院认定双方感情已经破裂，准予离婚；同时考虑到女方的困难，判令男方一次性给予生活补助。

离婚的方式有两种，一种是协议离婚，即双方自愿离婚。对于双方自愿离婚的，双方必须到婚姻登记机关申请离婚。登记机关查明双方确实是自愿并对子女和财产问题已有适当处理时，发给离婚证。另一种是诉讼离婚，即男女一方要求离婚的，可直接向人民法院提出离婚诉讼。人民法院对离婚案件，应当进行调解；如感情确已破裂，调解无效，应准予离婚。

一、离婚的条件

（一）准予离婚的条件

有下列情形之一的，调解无效，应准予离婚：

（1）重婚或者有配偶者与他人同居的。

（2）实施家庭暴力或虐待、遗弃家庭成员的。

（3）有赌博、吸毒等恶习屡教不改的。

（4）因感情不和分居满二年的。

（5）其他导致夫妻感情破裂的情形。

（6）一方被宣告失踪，另一方提出离婚诉讼的。

（二）离婚的限制条件

（1）对军婚的特殊保护：婚姻法第三十三条规定，现役军人的配偶要求离婚，须得到军人同意，但军人一方有重大过失的除外。

（2）对女方的特殊保护：婚姻法第三十四条规定，女方在怀孕期间、分娩后1年内或终止妊娠后6个月内，男方不得提出离婚。女方提出离婚的，或人民法院认为确有必要受理男方离婚请求的，不在此限。

二、离婚的法律后果

男女双方离婚后，夫妻关系即告解除，相互抚养义务终止，相互继承遗产的权利丧失，同时双方恢复结婚自由。

（一）离婚后子女的抚养和教育问题

1. 父母与子间的关系，不因父母离婚而消除 离婚后，子女无论由父或母直接抚养，仍是父母双方的子女。离婚后，父母对于子女仍有抚养和教育的权利和义务。

离婚后，哺乳期内的子女，以随哺乳的母亲抚养为原则。哺乳期后的子女，如双方因抚养问题发生争执不能达成协议时，由人民法院根据子女的利益和双方的具体情况判决。

2. 离婚后，一方抚养的子女，另一方应负担必要的生活费和教育费的一部或全部 负担费用的多少和期限的长短，由双方协议；协议不成时，由人民法院判决。

关于子女生活费和教育费的协议或判决，不妨碍子女在必要时向父母任何一方提出超过协议或判决原定数额的合理要求。

3. 离婚后，不直接抚养子女的父或母，有探望子女的权利 另一方有协助的义务。

行使探望权利的方式、时间由当事人协议；协议不成时，由人民法院判决。

父或母探望子女，不利于子女身心健康的，由人民法院依法中止探望的权利；中止的事由消失后，应当恢复探望的权利。未成年子女、直接抚养子女的父或母及其他对未成年子女负担抚养、教育义务的法定监护人，有权向人民法院提出中止探望权的要求。

（二）离婚后夫妻财产的问题

案例 5－4

小孙夫妇于 2010 年 5 月 16 日结婚登记，2012 年 3 月 16 日生育一女孩，婚后因两人性格不合争吵不断，夫妻感情破裂，并就离婚问题多次进行协商，但因房产问题难以达成一致。房子是在 2013 年女方父母出资 102 万元购买的，产权证也登记女方名下。男方认为房子是在婚后取得，并且买房子时女方父母也没有说是单独赠与女方一个人的，应当视为是对两个人的赠与。

评 析

根据 2011 年 8 月 13 日最高人民法院《关于适用〈中华人民共和国婚姻法〉若干问题的解释（三）》规定，婚后一方父母出资为子女购买的不动产，产权登记在出资人子女名下的，可按照婚姻法第十八条第（三）项的规定，视为对自己子女一方的赠与，该不动产应认定为夫妻一方的个人财产。因此，这套房产属于女方个人的财产，不视为夫妻二人共同财产。

案例 5－5

农民工小张在外打工相中一个姑娘小李，订婚给李家 3 万元彩礼。但结婚登记之后，两个人感觉并不好，经常发生争吵，遂决定不办婚礼而办理离婚手续。但是在3万元彩礼金方面双方争议非常大，男方说给你这个钱是为了结婚，不结婚了彩礼钱必须退，女方说婚结不成是两个人的责任，彩礼是自愿给的，不同意退还。

评 析

彩礼的性质是民间习俗，给付彩礼的行为可以视为以结婚为生效条件的附条件赠与行为，而不是一般的无偿赠与。如双方如约结婚，赠与行为发生法律效力，彩礼属受赠人所有。如果结婚不成，赠与行为则失去法律效力，彩礼应该返还给赠与人。如果结婚之前的确从彩礼中有合理的支出，也应该酌情返还。

婚姻法对离婚后夫妻财产的处理作了以下规定：

1. 共同财产的分割 离婚时，夫妻的共同财产由双方协议处理；协议不成时，由人民法院根据财产的具体情况，照顾子女和女方权益的原则判决。夫妻双方协议离婚未成则事先达成的附协议离婚条件的财产分割协议不生效。夫或妻在家庭土地承包经营中享有的权益等，应当依法予以保护。

不属于共同财产部分：夫妻一方个人财产婚后产生的孳息和自然增值不是共同财产；婚后一方父母出资为子女购买不动产且产权登记在自己子女名下的应认定为夫妻一方的个人财产；离婚案件中一方婚前贷款购买的不动产应归产权登记方所有。

2. 请求补偿权 夫妻书面约定婚姻关系存续期间所得的财产归各自所有，一方因抚育子女、照顾老人、协助另一方工作等付出较多义务的，离婚时有权向另一方请求补偿，另一方应当予以补偿。

3. 债务处理 离婚时，原为夫妻共同生活所负的债务，应当共同偿还。共同财产不足清偿的，或财产归各自所有的，由双方协议清偿；协议不成时，由人民法院判决。

4. 对生活困难一方的帮助 离婚时，如一方生活困难，另一方应从其住房等个人财产中给予适当帮助。一方以住房对生活困难者进行帮助的形式，可以是房屋的居住权或者房屋的所有权。具体办法由双方协议；协议不成时，由人民法院判决。一方生活困难是指，依靠个人财产和离婚时分得的财产无法维持当地基本生活水平。一方离婚后没住处的，属于生活困难。

5. 无过错方的损害赔偿请求权　婚姻法第四十六条规定，因一方重婚、与他人同居、实施家庭暴力、虐待、遗弃家庭成员导致离婚的，无过错方有权请求损害赔偿。人民法院判决不准离婚的案件，对一方提出的损害赔偿请求，不予支持。婚姻关系存续期间，当事人不起诉离婚而单独提起损害赔偿请求的，人民法院不予受理。

无过错方作为原告向人民法院提起赔偿请求时，必须在离婚诉讼的同时提出。无过错方在离婚诉讼中作为被告时，如果被告不同意离婚也不提起损害赔偿请求，可以在离婚后1年内就此单独提起诉讼。如果被告在一审时未提出损害赔偿请求，二审期间提出的，人民法院应当进行调解，调解不成的，告知当事人在离婚后1年内另行起诉。

6. 彩礼返还的问题　最高人民法院在相关司法解释中规定：当事人请求返还按照习俗给付的彩礼的，如果查明属于以下情形，人民法院应当予以支持：

（1）双方未办理结婚登记手续的。

（2）双方办理结婚登记手续但确未共同生活的。

（3）婚前给付并导致给付人生活困难的。在第（2）（3）种情形下，以双方离婚为条件。

但是并不是男女双方在恋爱中所有赠送物都应返还。以下两个方面应该不属于彩礼返还的范畴：

（1）共同花费。一方收到彩礼后，往往会拿出一部分用于共同花销，如为办婚礼宴请宾客、送礼以及平时的吃喝玩乐等，在计算返还数额时都应当从中剔除。

（2）属于赠与性质的财物。在恋爱中，男女双方为表情意，通常会赠与对方定情物、信物等，这些是一方自愿赠与另一方的，与有无结婚目的无关，对于该类财物，赠与方不得要求返还。

学习任务4　救助措施与法律责任

任务描述

家庭关系中也还存在其他一些问题：如家庭暴力、遗弃家庭成员、隐匿财产、要求亲子鉴定以及要求分割共同财产等。对这些问题，婚姻法上也作了相应的规定。

案例 5－6

村民王甲与妻子离婚后，儿子王乙归王甲抚养，母亲每月支付抚养费 200 元。但自王乙 3 岁起，王甲就怀疑儿子不是自己亲生，直到王乙 10 岁时王甲与王乙作了亲子鉴定，检测结论为：根据 DNA 遗传标记分析结果，不支持王甲为王乙的生物学父亲。王甲遂向法院起诉，法院判决：确认原被告之间不存在亲子关系。

评　析

随着生物科技的发展，为亲子关系的认定提供了可靠的证据。婚姻法专门规定了有关亲子鉴定的问题，当事人一方可以起诉请求确认亲子关系，并提供必要证据予以证明。

一、家庭暴力的救助措施与法律责任

婚姻法规定，家庭成员遭受家庭暴力或虐待的，受害人有权请求居委会、村委会及所在单位予以劝阻、调解。对正在实施暴力的，居委会、村委会应当予以劝阻，公安机关应当予以制止。受害人提出请求的，公安机关应依照治安管理处罚条例予以行政处罚。

为切实保障所有家庭成员特别是妇女儿童权益，努力让每个家庭

和睦幸福，我国在2016年3月颁布了《反家庭暴力法》，明确规定了对家庭暴力行为的预防、处置，并规定了人身安全保护令制度。受害者应当学会运用法律维护自己的合法权益。

案例5－7

于某（女方）在2002年12月邂逅了刘某（男方），二人闪电结婚。婚后不久，刘某开始对于某大打出手。于某为保护自身权益，以遭遇家庭暴力为由向当地法院递交诉状，要求离婚，还向法院递交了遭遇家庭暴力时，当地警方对此的处理情况记录。最后，在法官的调解下，刘某补偿5万元给于某。

评 析

遭遇家庭暴力的女性，要想维护自身的权益，就应当像本案的于某那样，及时报警，保存证据，积极通过当地援助机构，寻求法律帮助。此外，还要在诉讼前掌握好对自己有利的相关线索。

案例5－8

村里一对老年夫妇的儿子自认为分家时没有得到多少财产、老人对自己不好，不赡养老人并且经常殴打老人，老人无奈向法院起诉。更为恶劣的是：就在审理中，儿子仍然威胁、殴打原告，因此被依法司法拘留15天。但判决后儿子不思悔改，仍是经常殴打老人。

评 析

对于这种情节恶劣的行为，遭受家庭暴力的老人首先应向当地派出所报案，注意搜集证据，依法向人民法院提起刑事自诉，追究其刑事责任。

（一）家庭暴力概述

家庭暴力是指近亲属如夫妻、父母子女、公婆媳、岳父母婿等之间实施的身体暴力、精神暴力及性暴力行为。

家庭暴力往往是日积月累、日复一日，受害人经常性地受到侵害，并呈循环性特点。受害人也希望施暴者痛改前非，而施暴者一次次重复，受害人一次次失望，在痛苦中度日。在这种情形下，受害人往往以“家丑不可外扬”的思想束缚而忍气吞声，致施暴者变本加厉。

在所有家庭暴力中最常见的是夫妻暴力，夫妻暴力指夫妻之间一切形式的身体暴力、精神暴力和性暴力行为。身体暴力如夫妻一方殴打另一方致死、致残、重伤的；夫妻间拳打脚踢、咬、掐、拧、推、搡、扇耳光等人身伤害或羞辱行为；妇女在孕产期间遭配偶殴打的；在离婚诉讼期间殴打或唆使他人殴打配偶的。精神暴力如夫妻一方对另一方经常性的威胁、恫吓、辱骂，造成对方精神疾患的；以伤害相威胁，以损害家具、伤害动物、打骂孩子相恫吓，造成对方精神恐惧、安全受到威胁的；为达精神控制目的对配偶经常性的当众或私下恶意贬低、羞辱、挖苦、奚落、嘲笑、谩骂致对方不堪忍受的；经常刁难、干涉、猜疑、阻止、限制对方行动自由，影响对方正当工作生活的；公开带第三者回家同居羞辱配偶的。性暴力的具体行为是：经常以暴力强行与配偶发生性行为造成伤害后果的；酗酒后以暴力强行与配偶发生性行为，致对方不堪忍受的；患有传播性性疾病以暴力强行与配偶发生性行为的；以暴力方式强行对配偶实施变态性虐待的。

（二）家庭暴力的处置

1. 遭受家庭暴力受害人怎么办 家庭暴力受害人及其法定代理人、近亲属可以向加害人或者受害人所在单位、居民委员会、村民委员会、妇女联合会等单位投诉、反映或者求助。有关单位接到家庭暴力投诉、反映或者求助后，应当给予帮助、处理。

家庭暴力受害人及其法定代理人、近亲属也可以向公安机关报案或者依法向人民法院起诉。

单位、个人发现正在发生的家庭暴力行为，有权及时劝阻。

2. 儿童受到家庭暴力怎么办　学校、幼儿园、医疗机构、居民委员会、村民委员会、社会工作服务机构、救助管理机构、福利机构及其工作人员在工作中发现儿童遭受或者疑似遭受家庭暴力的，应当及时向公安机关报案。公安机关应当对报案人的信息予以保密。

3. 实施家庭暴力会受到怎样处理

（1）公安机关接到家庭暴力报案后应当及时出警，制止家庭暴力，按照有关规定调查取证，协助受害人就医、鉴定伤情。

（2）家庭暴力情节较轻，依法不给予治安管理处罚的，由公安机关对加害人给予批评教育或者出具告诫书。公安机关应当将告诫书送交加害人、受害人，并通知居民委员会、村民委员会。居民委员会、村民委员会、公安派出所应当对收到告诫书的加害人、受害人进行查访，监督加害人不再实施家庭暴力。

（3）加害人实施家庭暴力，构成违反治安管理行为的，依法给予治安管理处罚；构成犯罪的，依法追究刑事责任。

4. 家庭暴力的受害人可以得到什么样的救助

（1）政府应当为家庭暴力受害人提供临时生活帮助。

（2）法律援助机构应当依法为受害人提供法律援助。人民法院应当依法对家庭暴力受害人缓收、减收或者免收诉讼费用。

（3）监护人实施家庭暴力严重侵害被监护人合法权益的，人民法院可以根据被监护人的近亲属、居民委员会、村民委员会、县级人民政府民政部门等有关人员或者单位的申请，依法撤销其监护人资格，另行指定监护人。被撤销监护人资格的加害人，应当继续负担相应的赡养、扶养费用。

（4）妇女联合会、残疾人联合会、居民委员会、村民委员会等组织应当对实施家庭暴力的加害人进行法治教育，必要时可以对加害人、受害人进行心理辅导。

（三）人身安全保护令制度

当事人因遭受家庭暴力或者面临家庭暴力的现实危险，向人民法院申请人身安全保护令的，人民法院应当受理。当事人因受到强制、威吓等原因无法申请人身安全保护令的，其近亲属、公安机关、妇女联合会、居民委员会、村民委员会、救助管理机构可以代为申请。

人民法院作出人身安全保护令应当具备下列条件：有明确的被申请人；有具体的请求；有遭受家庭暴力或者面临家庭暴力现实危险的情形。

人身安全保护令可以包括下列措施：禁止被申请人实施家庭暴力；禁止被申请人骚扰、跟踪、接触申请人及其相关近亲属；责令被申请人迁出申请人住所；保护申请人人身安全的其他措施。

加害人违反人身安全保护令，构成犯罪的，依法追究刑事责任；尚不构成犯罪的，人民法院应当给予训诫，可以根据情节轻重处以1 000元以下罚款、15日以下拘留。

二、遗弃家庭成员的救助措施和法律责任

被遗弃的家庭成员，有权提出请求，居委会、村委会及所在单位应当予以劝阻、调解。受害人向人民法院提出请求支付抚养费、扶养费、赡养费的，人民法院应予支持。

三、隐藏、转移、变卖、毁坏夫妻共同财产的责任

离婚时，一方隐藏、转移、变卖、毁坏夫妻共同财产，或伪造债务企图侵占另一方财产的，对隐藏、转移、变卖、毁坏夫妻共同财产或伪造债务的一方，可以少分或不分。离婚后，另一方发现有上述行为的，可以向人民法院提起诉讼，请求再次分割夫妻共同财产。人民法院按民事诉讼法的规定，对这种行为予以制裁。

四、重婚，虐待、遗弃家庭成员的刑事责任

重婚和虐待、遗弃家庭成员，构成犯罪的，可以依刑法规定，当事人向人民法院提起自诉，或由人民检察院提起公诉，追究其刑事责任。

五、拒绝亲子鉴定的责任

当事人一方起诉请求确认亲子关系，并提供必要证据予以证明，另一方没有相反证据又拒绝做亲子鉴定的，人民法院可以推定请求确认亲子关系一方的主张成立。

六、夫妻关系存续期间要求分割共同财产的救济措施

婚姻关系存续期间，夫妻一方请求分割共同财产的，法院不予支持，但有下列重大理由且不损害债权人利益的除外：一方有隐藏、转移、变卖、毁损、挥霍夫妻共同财产或者伪造夫妻共同债务等严重损害夫妻共同财产利益行为的；一方负有法定扶养义务的人患重大疾病需要医治，另一方不同意支付相关医疗费用的。

学习任务5　遗产的继承

任务描述

继承的问题与个人的利益密切相关。随着我国公民生活水平的提高，可继承的财产价值越来越大。因此有必要了解继承的主要法律规定《中华人民共和国继承法》（简称“继承法”）等，包括继承的基本原则、继承的方式、法定继承人的范围、遗产的分配原则等。

一、继承的概述

案例 5－9

赵大牛生前是个能干的农民企业家，不幸因病去世。亲人还有妻子、两儿一女、一个外孙女和两个孙子。赵大牛留下了一个企业、五间房子、还有存款 200 多万元。这些财产应当如何分配呢？

评　析

要解决这一遗产分配问题，需要三个关键步骤：第一是准确划定可以继承的遗产范围：上述财产并不一定都是他个人的遗产，还需要界定是否属于夫妻共同财产，如果是则需要析产；第二是确定遗产继承人的范围都包括谁，有遗嘱的尊重有效遗嘱，没有遗嘱则按法律规定处理；第三是将遗产在继承人范围内按一定的原则进行分配。

（一）继承中的相关概念

继承是指对死者生前的财产权利义务的承受，又称财产继承。在继承中其生前所享有的财产因其死亡而转移给他人的死者称为被继承人，被继承人死亡时遗留的财产为遗产，依法承受被继承人遗产的人为继承人。继承人包括法定继承人和遗嘱继承人。法定继承人指依照法律规定直接承受被继承人遗产的继承人。遗嘱继承人是指根据被继承人合法有效的遗嘱承继其遗产的继承人。继承法规定，遗嘱继承人只能是法定继承人中的一人或者数人。

国家、集体、或者法定继承人以外的人，虽然不能充当遗嘱继承人，但是可以以受遗赠人的身份承受立遗嘱人的遗产。

（二）继承法的基本原则

我国的继承法贯彻了下列基本原则：

1. 保护公民私有财产继承权的原则 这项原则体现在：

（1）公民死亡时遗留的个人合法财产，均为遗产，都得由继承人依法继承。

（2）遗产不收归国有等。

2. 继承权男女平等原则 这项原则体现在：

（1）在同一顺序的法定继承人中，不得歧视妇女。

（2）丧偶妇女有权处分继承的财产，他人不得干涉。

3. 互谅互让，团结和睦的原则 这项原则体现在：遗产分割的时间、办法和份额，由继承人协商，协商不成的，可同调解委员会协商或者向人民法院起诉。

4. 养老育幼，特别保护缺乏劳动能力又没有生活来源的人和利益原则 这项原则体现在：

（1）在分配遗产时，对生活有特殊困难又缺乏劳动能力的继承人，应当予以照顾。

（2）被继承人以遗嘱处分其财产时，应当为缺乏劳动能力又无生活来源的继承人保留必要的遗产份额。

（3）遗产分割时，应当保留胎儿的继承份额。

5. 权利义务相一致原则 这一原则体现在：

（1）在遗产分配上，对被继承人尽了主要赡养义务的，可以多分遗产。

（2）对公、婆或者岳父、岳母尽了主要赡养义务的丧偶儿媳或女婿，有权继承公、婆或岳父岳母的遗产。

（3）在订有遗赠抚养协议的情况下，抚养人按照协议尽了抚养义务的，有受遗赠的权利；不履行协议，不尽抚养义务的，不能享有遗赠的权利。

（4）对被继承人没有抚养义务而抚养较多的人，有权取得适当的遗产。

（5）遗弃、虐待、故意杀害被继承人的，丧失继承权。

（6）遗嘱继承或者遗赠附有义务的，继承人或受遗赠人应当履行义务。没有正当理由不履行义务的，人民法院可以取消其接受遗产的权利。

（三）继承权的丧失

有下列情形之一的，继承人丧失继承权：

（1）故意杀害被继承人的。

（2）为争夺遗产而杀害其他继承人的。

（3）遗弃被继承人或者虐待被继承人情节严重的。

（4）伪造、篡改或者销毁遗嘱，情节严重。

二、遗产的继承方式

（一）遗赠抚养协议

案例 5－10

村里一孤寡老人宋大爷无儿无女，老伴早年去世，老人的兄弟姐妹也先于老人去世。邻居宋大宝平时对老人不错，老人为了晚年有人照顾自己、养老送终，和宋大宝达成抚养协议。约定：老人由宋大宝赡养，待老人百年之后其所有的一套面积 120 米^2 房屋归宋大宝。随后宋尽心尽力地照顾老人，3 年后老人因病去世。老人的侄子得知老人去世的消息后要求继承老人的房产。那么老人留下的房屋到底应当归谁呢？

评 析

宋大宝与老人协议约定：宋赡养老人，待老人百年之后由宋取得老人所有的房屋。宋尽心尽力赡养了老人，履行了协议约定的义务，老人的侄子没有权力参与继承。

遗赠抚养协议是公民与抚养人或者集体所有制组织签订的关于抚养、遗赠的协议。其特征是：

（1）遗赠抚养协议应依据合同的订立程序来进行。自双方意思表示达成一致时起即可发生法律效力。

（2）双方当事人都负有一定法律义务。任何一方享受权利都是以履行一定的义务为代价的，如抚养人不履行对受抚养人的生死丧葬的义务，则不能享有要求遗赠的权利。

（3）是公民生前对自己死亡后遗留下的遗产的一种处置方式。遗赠抚养协议是遗产处理的依据，在处理遗产上具有最优先的效力。被继承人死亡后，有遗赠抚养协议的，就必须先执行遗赠抚养协议，而后才能进行继承。

（二）遗嘱继承和遗赠

1. 遗嘱

案例 5－11

村民宝贵上有八十多岁的老母，下有一个12岁的儿子小柱。由于伤病，宝贵感到身体越来越不行，决定立遗嘱处分自己的财产。他非常担心小儿子将来生活无人照顾，打算自己死后全部财产都给儿子继承。写好遗嘱后他请公证员给他公证，但是公证员却告诉他：这份遗嘱是违法的。这是为什么呢？难道公民立遗嘱不能完全按照自己的意愿处分财产吗？

评 析

遗嘱的内容不可以随心所欲，需要符合遗嘱的有效条件。

遗嘱是指公民生前按照法律规定的方式，对其个人财产及与财产相关的其他事务进行预先的处分，并于死后发生法律效力的一种民事法律行为。遗嘱并不是想怎么写就怎么写，而应当符合遗嘱的有效条件：

（1）遗嘱人立遗嘱时必须有遗嘱能力，即独立自主地处分自己财产的资格。

（2）遗嘱必须是遗嘱人真实的意思表示，即在遗嘱人完全并确知遗嘱的法律后果的前提下，其主观愿望与遗嘱形式记载和反映的内容一致。

(3) 遗嘱的内容必须合法，不违反法律强制性规定；只能处分个人合法财产，不得违反社会公序良俗；应当对缺乏劳动能力又没有经济来源的继承人保留必要的遗产份额。

(4) 遗嘱必须符合法定形式。

根据上述四个条件分析宝贵所立的遗嘱，因为没有为缺乏劳动能力又没有生活来源的老母保留必要的遗产份额，所以说，宝贵的遗嘱是无效的。

遗嘱继承人的范围：遗嘱只能在法律所限定的范围中指定具体的继承人选，继承法第十六条规定：公民可以立遗嘱将个人财产指定由法定继承人的一人或者数人继承。公民可以立遗嘱将个人财产赠给国家、集体或者法定继承人以外的人。如果遗嘱指定接受遗产的人是法定继承人以外的人或组织，则属于遗赠。

遗嘱的形式包括五种：

(1) 公证遗嘱。

(2) 自书遗嘱。

(3) 代书遗嘱。

(4) 录音遗嘱。

(5) 口头遗嘱。

2. 遗赠 指公民以遗嘱的方式将遗产的一部或者全部无偿赠给国家、集体组织或者法定继承人以外的公民，并于其死后发生法律效力的法律行为。

(三) 法定继承

案例 5-12

张大爷一儿一女，女儿出嫁多年，老人与儿子、儿媳共同生活。后老

人的儿子在外打工因工伤去世，儿媳为了老人和子女没有再改嫁、继续与老人共同生活。老人去世后，女儿返回家中帮助料理后事并提出，自己是老人唯一合法继承人，老人的房产应当归自己继承。那么女儿的主张是否能得到支持呢？

评析

要处理好这起继承案件，就需要了解继承法规定的法定继承的制度。丧偶儿媳对公婆、丧偶女婿对岳父母，尽了主要赡养义务的，作为第一顺序继承人。上述案例中处理张大爷的遗留房产问题，应需要依据此项法律规定办理。

1. 法定继承的概念 法定继承是指根据法律直接规定的继承人的范围、继承的先后顺序、遗产份额分配的原则来继承被继承人遗产的一项法律制度。遗嘱继承的法律效力优先于法定继承。

2. 适用范围 继承开始后，按照法定继承办理；有遗嘱的，按遗嘱继承或遗赠办理；有遗赠抚养协议的，按照协议办理。所以一般来说，在被继承人生前未与他人订立遗赠抚养协议，又没有立遗嘱，或者遗赠抚养协议无效或不能执行，被继承人的遗嘱又全部或部分无效时，就适用法定继承。

3. 法定继承人的范围和继承顺序

第一顺序：配偶、子女、父母；

第二顺序：兄弟姐妹、祖父母和外祖父母。

继承开始后，由第一顺序继承人继承，第二顺序继承人不继承。没有第一顺序继承人的，由第二顺序继承人继承。

另外法律规定，丧偶儿媳对公婆、丧偶女婿对岳父母，尽了主要赡养义务的，作为第一顺序继承人。上述案例中处理张大爷的遗留房产问题，应需要依据此项法律规定办理。儿媳丧偶，但对公公尽了主要赡养义务，应作为第一顺序的继承人参与继承房产。

4. 代位继承

案例 5－13

19 岁的青年小彬，自父母离婚后一直同母亲共同生活。但几年后母亲因病去世，小彬便与外祖父母一起生活。三年后，外祖父也病故，留下存款 15 万元，外祖父生前未立遗嘱。办完外祖父的丧事后，两个舅舅提出继承外祖父的遗产，小彬认为自己也有权继承，为此与舅舅发生争执。

评 析

根据继承法代位继承的规定，小彬的母亲先于外祖父死亡，小彬有权代位继承，应当继承母亲应得的份额。当然，本案中小彬的外祖母也有权继承遗产。

代位继承指继承人先于被继承人死亡而由其晚辈直系血亲代位继承被继承人遗产的继承。代位继承的特征是：

（1）必须有被继承人的子女先于被继承人死亡的事实。

（2）代位继承人必须是被代位继承人的晚辈直系血亲，如子女、孙子女。

（3）代位继承人一般只能取得被代位人应得的遗产份额。

（4）被代位人必须具有继承权。

（5）代位继承人作为第一顺序的继承人。

5. 转继承 转继承是指继承人在继承开始后，遗产分割之前死亡，其应继承的遗产转由他的合法继承人来继承的制度。转继承与代位继承的区别是：

（1）发生的事实根据不同：转继承基于继承人后于被继承人死亡的事实，而且是继承开始以后死亡的事实；代位继承则是基于继承人先于被继承人死亡的事实。

（2）继承人的范围不同：转继承人可以是被继承人的晚辈直系血亲，也可以是被继承人的其他法定继承人，他们依各自顺序参加转继承，而且转继承人还可以是遗嘱继承人。代位继承的代位继承人只能是被代位继承人的晚辈直系血亲。

（3）适用的范围不同：转继承既可适用于法定继承，也可适用于遗嘱继承。代位继承则是法定继承的补充和特殊形式。

三、继承的其他问题

（一）无人继承又无人受遗赠的财产处理

继承开始以后，在法定期限内没有人接受继承又没有人受领遗赠的遗产，在对死者的债务清偿完毕以后，如有剩余，按继承法第 32 条规定，将遗产收归国家所有；死者生前是集体所有制组织成员的，则归其生前所在集体所有制组织所有。

（二）遗产债务的清偿原则

接受继承与承担债务清偿责任是相统一的，但继承人在其继承遗产的范围内承担债务清偿责任。超出遗产数额的债务，继承人可不予承担。

单元小结

本单元主要介绍结婚制度、家庭关系、离婚制度和继承制度。关于结婚，需要了解结婚的条件、结婚登记程序、无效婚姻和可撤销的婚姻的规定。关于家庭关系，需要了解夫妻关系、父母子女关系、祖父母、外祖父母与孙子女、外孙子女及兄弟姐妹之间的权利与义务。关于离婚，需要了解离婚的条件及其法律后果。关于救助措施，主要涉及对家庭暴力、遗弃等行为的受害者的救助，同时介绍了加害者的法律责任。

遗产继承又称为财产继承，是对死者财产权利义务的承受。本单元介绍了遗产继承的主要法律规定，包括遗产继承的原则，继承的方式分为遗赠抚养协议、遗嘱继承和遗赠以及法定继承三种类型，还介绍了无人继承又无人受遗赠的财产处理和遗产债务的清偿原则。

复习思考题

1. 结婚的必备条件是什么？
2. 禁止结婚的情形包括哪些？
3. 哪些婚姻的情形是无效的？
4. 婚姻关系存续期间，哪些财产归夫妻共有？哪些财产属于一方所有？
5. 准予离婚的条件是什么？
6. 限制离婚的条件是什么？
7. 离婚后子女的抚养和教育问题如何处理？
8. 离婚时一方要求返还彩礼的如何处理？
9. 家庭暴力的受害人可以得到什么救助？
10. 什么是人身安全保护令制度？
11. 遗产继承的方式包括哪些？
12. 法定继承人的范围包括哪些？
13. 什么是代位继承？什么是转继承？

第六单元 弱势群体的权益保障

学习任务1　妇女的权益保障

任务描述

《中华人民共和国妇女权益保障法》（简称“妇女权益保障法”）规定，妇女在政治、经济、文化、社会和家庭生活等方面享有与男子平等的权利。国家保护妇女依法享有特殊权益，逐步完善对妇女的社会保障制度，禁止歧视、虐待、残害妇女。

案例 6－1

某村妇女吴某的丈夫因意外事故去世，留下吴某与一个3岁孩子，两年后吴某欲改嫁到外村，吴某丈夫的族人坚决反对吴某带走其继承的丈夫遗产，强迫她将财产留下。

评　析

本案中吴某丈夫族人的做法即属于侵害妇女合法权益的行为，吴某作为丧偶妇女，完全有权利自行处分其所继承的财产，任何人不得干涉。对于非法干涉行为吴某有权要求有关主管部门处理，或者依法向人民法院提起诉讼。吴某也可以向妇女组织投诉，妇女组织应当要求有关部门或者单位查处，保护被侵害妇女的合法权益。

一、妇女的财产权益

民法上有句经典的话叫作无财产即无人格，人之所以称为人，也就是因为有人格，有尊严。财产权益对维护妇女的利益来说是重中之重。国家保障妇女享有与男子平等的财产权利。具体规定为：

（1）在婚姻、家庭共有财产关系中，不得侵害妇女依法享有的权益。

（2）农村划分责任田、口粮田等，以及批准宅基地，妇女与男子享有平等的权利，不得侵害妇女的合法权益。妇女结婚、离婚后，其责任田、口粮田和宅基地等，应当受到保障。

（3）妇女享有的与男子平等的财产继承权受法律保护。在同一顺序法定继承人中，不得歧视妇女。丧偶妇女有权处分继承的财产，任何人不得干涉。

二、妇女的劳动和社会保障权益

近几年，从乡村进入城市的“农民打工妹”已经成为城市生活不可或缺的一支队伍。打工妹们很多面临着工作环境差、子女求学难等问题，因自身文化程度限制也缺乏自我保护的能力，“农民打工妹”权益被侵害的现象较普遍。在工作中打工妹的职业安全存在着许多问题，超时工作的现象极为普遍，而加班通常是以牺牲健康为代价的。为保障妇女的劳动和社会保障权益，妇女权益保障法规定：

（一）单位录用职工时的平等

各单位在录用职工时，除不适合妇女的工种或者岗位外，不得以性别为由拒绝录用妇女或者提高对妇女的录用标准。禁止招收未满16周岁的女工。

（二）工作时的平等

实行男女同工同酬。

（三）特殊保护

（1）任何单位均应根据妇女的特点，依法保护妇女在工作和劳动时的安全和健康，不得安排不适合从事的工作和劳动。

（2）妇女在经期、孕期、产期、哺乳期受特殊保护。《中华人民共和国劳动法》规定，女职工在孕期、产期、哺乳期内用人单位不得解除其劳动合同。《女职工劳动保护特别规定》中规定，不得在女职工怀孕期降低其基本工资或者解除劳动合同。

三、妇女的人身权益

保障妇女人身权益的具体规定为：

（1）妇女的人身自由不受侵犯。禁止非法拘禁和以其他非法手段剥夺或者限制妇女的人身自由，禁止非法搜查妇女的身体。

（2）妇女的生命健康权不受侵犯。禁止溺、弃、残害女婴，禁止歧视、虐待生育女婴的妇女和不育妇女，禁止用迷信、暴力手段残害妇女，禁止虐待、遗弃老年妇女。

（3）禁止拐卖、绑架妇女，禁止收买被拐卖、绑架的妇女。人民政府和有关部门必须及时采取措施解救被拐卖、绑架的妇女。被拐卖、绑架的妇女返回原籍的，任何人不得歧视，当地人民政府和有关部门应当做好善后工作。

（4）禁止卖淫、嫖娼。禁止组织、强迫、引诱、容留、介绍妇女卖淫或者雇用、容留妇女与他人进行猥亵活动。

（5）妇女的肖像权受法律保护。未经本人同意，不得以盈利为目的，通过广告、商标、展览橱窗、书刊等形式使用妇女肖像。

（6）妇女的名誉权和人格尊严受法律保护。禁止用侮辱、诽谤、宣扬隐私等方式损害妇女的名誉和人格。

四、妇女在婚姻家庭中的权益

（一）妇女享有婚姻自主权

禁止干涉妇女的结婚、离婚自由。妇女在婚姻家庭中享有的权益之一即为对男方离婚权的限制。即女方在怀孕期间、分娩后 1 年内或者按照计划生育的要求中止妊娠的，在手术后 6 个月内，男方不得提出离婚。女方提出离婚的，或者人民法院认为确有必要受理男方离婚请求的，不在此限。

（二）对家庭财产享有的权益

（1）妇女对依照法律规定的夫妻共同财产享有与其配偶平等的占有、使用、收益和处分的权利，不受双方收入状况的影响。

（2）国家保护离婚妇女的房屋所有权。夫妻共有的房屋，离婚时，分割住房由双方协议解决；协议不成的，由人民法院根据双方的具体情况，按照照顾女方和子女权益的原则判决。夫妻双方另有约定的除外。

夫妻共同租用的房屋，离婚时，女方的住房应当按照照顾女方和子女权益的原则协议解决。

夫妻居住男方单位的房屋，离婚时，女方无房居住的，男方有条件的应当帮助其解决。

（三）妇女对未成年子女享有平等的监护权

（1）父亲死亡、丧失行为能力或者有其他情形不能担任未成年子女的监护人的，母亲的监护权任何人不得干涉。

（2）离婚时，女方因实施绝育手术或者其他原因丧失生育能力的，处理子女抚养问题，应在有利子女权益的条件下，照顾女方的合理要求。

（四）生育的权利和自由

妇女有按照国家有关规定生育子女的权利，也有不生育的自由。育龄夫妻双方按照国家有关规定计划生育，有关部门应当提供安全、有效的避孕药具和技术，保障实施节育手术的妇女的健康和安全。

五、妇女权益受侵害的救济

妇女的合法权益受到侵害的，有四条救济渠道：一是要求有关部门依法处理；二是依法向仲裁机构申请仲裁；三是向人民法院起诉；四是向妇女组织投诉。

学习任务 2　未成年人的特殊保护

任务描述

《中华人民共和国未成年人保护法》（简称“未成年人保护法”）已经过两次修正。在这部法律中系统规定了对未成年人的家庭保护、学校保护、社会保护、司法保护等内容。

案例 6－2

小明是五年级的小学生，平日娇惯成性，组织纪律性差。一天下午，在课堂上大声说话，无理取闹。老师制止时，小明又与老师蛮缠，并与老师争辩，老师愤怒之下便给了小明两记耳光。

评　析

小明违反了《小学生守则》应当接受老师的教导。老师对学生严格要求，对工作认真负责是好的，但采取的方法不当，对学生的人格不够尊重。《中华人民共和国未成年人保护法》规定：学校、幼儿园、托儿所的教职员应当尊重未成年人的人格尊严，不得对未成年学生和儿童实施体罚、变相体罚或者其他侮辱人格尊严的行为。打学生“耳光”属于侵犯学生人身权利的行为，应承担相应的法律责任。学校、幼儿园、托儿所侵害未成年人合法权益的，由教育行政部门或者其他有关部门责令改正；情节严重的，对直接负责的主管人员和其他直接责任人员依法给予处分。

案例 6-3

15 岁的女孩小雪，很长时间不和爸爸说话，在心理辅导老师的引导下，孩子才说出来是因为爸爸偷看了她的日记。

评 析

父母偷看孩子的日记，要受到批评教育。未成年人保护法指出，任何人不得不经未成年人同意，查看他们的日记、信件等。

一、未成年人的家庭保护

未成年人保护法规定：父母或者其他监护人应当创造良好、和睦的家庭环境，依法履行对未成年人的监护职责和抚养义务。

中国人在子女教育上有一个传统的观念：棍棒底下出孝子，许多家长总认为孩子是我自己的，打骂孩子是为了教育孩子，是自己当然的权利。未成年人保护法对父母或其他监护人的行为作了明确规定：

（1）禁止对未成年人实施家庭暴力，禁止虐待、遗弃未成年人，禁止溺婴和其他残害婴儿的行为，不得歧视女性未成年人或者有残疾的未成年人。

（2）父母或者其他监护人应当关注未成年人的生理、心理状况和行为，预防和制止未成年人吸烟、酗酒、流浪、沉迷网络以及赌博、吸毒、卖淫等行为。

（3）父母或者其他监护人应当学习家庭教育知识，正确履行监护职责，抚养教育未成年人。有关国家机关和社会组织应当为未成年人的父母或者其他监护人提供家庭教育指导。

（4）父母或者其他监护人应当尊重未成年人受教育的权利，必须使适龄未成年人依法入学接受并完成义务教育，不得使接受义务教育的未成年人辍学。

（5）父母或者其他监护人应当根据未成年人的年龄和智力发展状况，在作出与未成年人权益有关的决定时告知其本人，并听取他们的意见。

（6）父母或者其他监护人不得允许或者迫使未成年人结婚，不得为未成年人订立婚约。

（7）父母因外出务工或者其他原因不能履行对未成年人监护职责的，应当委托有监护能力的其他成年人代为监护。

二、未成年人的学校保护

学校对未成年人的培养教育至关重要，为保护未成年人的权益，学校应遵守下列主要义务：

（1）尊重未成年学生受教育的权利，关心、爱护学生，对品行有缺点、学习有困难的学生，应当耐心教育、帮助，不得歧视，不得违反法律和国家规定开除未成年学生。

（2）应当与未成年学生的父母或者其他监护人互相配合，保证未成年学生的睡眠、娱乐和体育锻炼时间，不得加重其学习负担。

（3）学校、幼儿园、托儿所的教职员工应当尊重未成年人的人格尊严，不得对未成年人实施体罚、变相体罚或者其他侮辱人格尊严的行为。

（4）学校、幼儿园、托儿所应当建立安全制度，加强对未成年人的安全教育，采取措施保障未成年人的人身安全。不得在危及未成年人人身安全、健康的校舍和其他设施、场所中进行教育教学活动。安排未成年人参加集会、文化娱乐、社会实践等集体活动，应当防止发生人身安全事故。学校对未成年学生在校内、校外活动中发生人身伤害事故的，应当及时救护，妥善处理，并及时向有关主管部门报告。

三、未成年人的社会保护

未成年人的成长离不开良好的社会环境，为此《中华人民共和国未成年人保护法》对社会方面的主要义务作了规定：

（1）禁止任何组织、个人制作或者向未成年人出售、出租或者以其他方式传播淫秽、暴力、凶杀、恐怖、赌博等毒害未成年人的图书、报刊、音像制品、电子出版物以及网络信息等。

（2）生产、销售用于未成年人的食品、药品、玩具、用具和游乐设施等，应当符合国家标准或者行业标准，不得有害于未成年人的安全和健康；需要标明注意事项的，应当在显著位置标明。

（3）中小学校园周边不得设置营业性歌舞娱乐场所、互联网上网服务营业场所等不适宜未成年人活动的场所。营业性歌舞娱乐场所、互联网上网服务营业场所等不适宜未成年人活动的场所，不得允许未成年人进入，经营者应当在显著位置设置未成年人禁入标志；对难以判明是否已成年的，应当要求其出示身份证件。

（4）禁止向未成年人出售烟酒，经营者应当在显著位置设置不向未成年人出售烟酒的标志；对难以判明是否已成年的，应当要求其出示身份证件。任何人不得在中小学校、幼儿园、托儿所的教室、寝室、活动室和其他未成年人集中活动的场所吸烟、饮酒。

（5）任何组织或者个人不得招用未满 16 周岁的未成年人，国家另有规定的除外。

任何组织或者个人按照国家有关规定招用已满 16 周岁未满 18 周岁的未成年人的，应当执行国家在工种、劳动时间、劳动强度和保护措施等方面的规定，不得安排其从事过重、有毒、有害等危害未成年人身心健康的劳动或者危险作业。

（6）任何组织或者个人不得披露未成年人的个人隐私。对未成年人的信件、日记、电子邮件，任何组织或者个人不得隐匿、毁弃；除因追查犯罪的需要，由公安机关或者人民检察院依法进行检查，或者对无行为能力的未成年人的信件、日记、电子邮件由其父母或者其他监护人代为开拆、查阅外，任何组织或者个人不得开拆、查阅。

（7）学校、幼儿园、托儿所和公共场所发生突发事件时，应当优先救护未成年人。

（8）禁止拐卖、绑架、虐待未成年人，禁止对未成年人实施性侵害。禁止胁迫、诱骗、利用未成年人乞讨或者组织未成年人进行有害其身心健康的表演等活动。

学习任务3　老年人的权益保障

任务描述

为保障老年人权益，弘扬中华民族敬老美德，国家颁布了《中华人民共和国老年人权益保障法》（简称“老年人权益保障法”），规定了家庭赡养与扶养，社会保障、服务及优待等内容，对侵犯老年人合法权益的行为规定了相应的法律责任。

案例6-4

王奶奶和老伴有一儿两女，均已成家立业。儿女们都进城打工，也不定期地给他们赡养费，可是最近几年几个儿女都推说工作太忙，很少再回家探望老人。两位老人相互安慰说：“给了钱，他们就尽到了责任，不能再要求太多了。”

评 析

赡养人应当履行对老年人经济上供养、生活上照料和精神上慰藉的义务，要照顾老年人的特殊需要。子女不仅有义务给付赡养费，还有义务给予精神赡养，进行必要的看望或探视。

案例 6－5

村里两位老人张大爷和李大娘均已丧偶多年，二人商量着今后在一起相互照顾着过日子，决定去镇上办理结婚手续。但是磨破了嘴皮子子女们就是不同意他们的婚事，无奈之下，两位老人只好另找时间背着儿女去民政所。不料途中李大娘的儿子边跑边骂地追上来，不由分说地把母亲推倒在地，并推搡张大爷，致其头部撞在一块石头上，当场血流不止。

评 析

老年人的婚姻自由受法律保护，子女或者其他亲属不得干涉老年人离婚、再婚及婚后的生活。暴力干涉老年人婚姻自由，情节严重构成犯罪的要依法追究刑事责任。

一、家庭赡养与扶养

老年人养老以居家为基础，家庭成员应当尊重、关心和照料老年人。依据《中华人民共和国老年人权益保障法》的有关规定，赡养人在具体义务方面主要应遵守以下规定：

（1）赡养人应当履行对老年人经济上供养、生活上照料和精神上慰藉的义务，照顾老年人的特殊需要。

（2）赡养人应当使患病的老年人及时得到治疗和护理；对经济困难的老年人，应当提供医疗费用。对生活不能自理的老年人，赡养人

应当承担照料责任；不能亲自照料的，可以按照老年人的意愿委托他人或者养老机构等照料。

（3）赡养人应当妥善安排老年人的住房，不得强迫老年人居住或者迁居条件低劣的房屋。老年人自有的或者承租的住房，子女或者其他亲属不得侵占，不得擅自改变产权关系或者租赁关系。老年人自有的住房，赡养人有维修的义务。

（4）赡养人有义务耕种或者委托他人耕种老年人承包的田地，照管或者委托他人照管老年人的林木和牲畜等，收益归老年人所有。

（5）家庭成员应当关心老年人的精神需求，不得忽视、冷落老年人。与老年人分开居住的家庭成员，应当经常看望或者问候老年人。

（6）赡养人不得以放弃继承权或者其他理由，拒绝履行赡养义务。赡养人不履行赡养义务，老年人有要求赡养人付给赡养费等权利。赡养人不得要求老年人承担力不能及的劳动。

（7）老年人的婚姻自由受法律保护，子女或者其他亲属不得干涉老年人离婚、再婚及婚后的生活。赡养人的赡养义务不因老年人的婚姻关系变化而消除。

（8）老年人对个人的财产，依法享有占有、使用、收益和处分的权利，子女或者其他亲属不得干涉，不得以窃取、骗取、强行索取等方式侵犯老年人的财产权益。

老年人有依法继承父母、配偶、子女或者其他亲属遗产的权利，有接受赠与的权利。子女或者其他亲属不得侵占、抢夺、转移、隐匿或者损毁应当由老年人继承或者接受赠与的财产。

老年人以遗嘱处分财产，应当依法为老年配偶保留必要的份额。

（9）禁止对老年人实施家庭暴力。

二、侵害老年人合法权益的法律责任

老年人对侵犯自己权益的行为，可以申请人民调解委员会或者其他有关组织进行调解，也可以直接向人民法院提起诉讼。农村常见的侵权责任类型包括以下四种：

（1）老年人与家庭成员因赡养、扶养或者住房、财产等发生纠纷，有关组织调解时，应当通过说服、疏导等方式化解矛盾和纠纷；对有过错的家庭成员，应当给予批评教育。

人民法院对老年人追索赡养费或者扶养费的申请，可以依法裁定先予执行。

（2）干涉老年人婚姻自由，对老年人负有赡养义务、扶养义务而拒绝赡养、扶养，虐待老年人或者对老年人实施家庭暴力的，由有关单位给予批评教育；构成违反治安管理行为的，依法给予治安管理处罚；构成犯罪的，依法追究刑事责任。

（3）家庭成员盗窃、诈骗、抢夺、侵占、勒索、故意损毁老年人财物，构成违反治安管理行为的，依法给予治安管理处罚；构成犯罪的，依法追究刑事责任。

（4）侮辱、诽谤老年人，构成违反治安管理行为的，依法给予治安管理处罚；构成犯罪的，依法追究刑事责任。

学习任务4 残疾人的权益保障

案例6-6

小伟因从小患病而留下残疾。16岁时小伟参加考试，成绩已超过其所报考的当地一所中专学校的分数线，但学校却以小伟身体状况不能适应学校生活为由拒绝录取。无奈之下，小伟向法院提起诉讼。

评析

普通高级中等学校、中等职业学校和高等学校，必须招收符合国家规定的录取要求的残疾考生入学，不得因其残疾而拒绝招收；拒绝招收的，当事人或者其亲属、监护人可以要求有关部门处理，有关部门应当责令该学校招收。该学校拒绝录取小伟的行为已侵犯了小伟作为残疾人接受教育的权利，学校应当纠正自己的错误。

为保障残疾人的权益，国家制定了《中华人民共和国残疾人保障法》（简称“残疾人保障法”），对残疾人所享有的康复、教育、劳动就业、文化生活、社会保障、无障碍环境等权益作了全面规定。

一、残疾人的教育权利

目前，我国15岁及以上残疾人文盲率为43.29%。在6～14岁的学龄残疾儿童中，正在接受义务教育的只有63.19%。为此，法律规定：

1. 政府的义务　各级政府对接受义务教育的残疾学生、贫困残疾人家庭的学生提供免费教科书，并给予寄宿生活费等费用补助，对接受义务教育以外其他教育的残疾学生、贫困残疾人家庭的学生给予资助。

2. 机构的义务　普通教育机构对具有接受普通教育能力的残疾人实施教育，并为其学习提供便利和帮助。普通小学、初级中等学校，必须招收能适应其学习生活的残疾儿童、少年入学；普通高级中等学校、中等职业学校和高等学校，必须招收符合国家规定的录取要求的残疾考生入学，不得因其残疾而拒绝招收；拒绝招收的，当事人或者其亲属、监护人可以要求有关部门处理，有关部门应当责令该学校招收。普通幼儿教育机构应当接收能适应其生活的残疾幼儿。

二、残疾人的劳动就业权利

我国残疾人就业形势严峻，为保障残疾人劳动就业权利，国家实行以下制度：

1. 国家实行按比例安排残疾人就业制度 国家机关、社会团体、企业事业单位、民办非企业单位应当按照规定的比例安排残疾人就业，并为其选择适当的工种和岗位。达不到规定比例的，按照国家有关规定履行保障残疾人就业的义务。

2. 鼓励与扶持 农村基层组织应当组织和扶持农村残疾人从事种植业、养殖业、手工业和其他形式的生产劳动。

国家对安排残疾人就业达到、超过规定比例或者集中安排残疾人就业的用人单位和从事个体经营的残疾人，依法给予税收优惠，并在生产、经营、技术、资金、物资、场地等方面给予扶持。国家对从事个体经营的残疾人，免除行政事业性收费。

对申请从事个体经营的残疾人，有关部门应当优先核发营业执照。

对从事各类生产劳动的农村残疾人，有关部门应当在生产服务、技术指导、农用物资供应、农副产品购销和信贷等方面给予帮助。

3. 禁止强迫残疾人劳动 任何单位和个人不得以暴力、威胁或者非法限制人身自由的手段强迫残疾人劳动。

三、残疾人的文化权利

国家保障残疾人享有平等参与文化生活的权利。各级人民政府和有关部门鼓励、帮助残疾人参加各种文化、体育、娱乐活动，积极创造条件，丰富残疾人的精神文化生活。

法律规定，政府和社会应采取措施，丰富残疾人的精神文化生活，主要包括以下几方面：

（1）通过广播、电影、电视、报纸、图书、网络等形式，及时宣传报道残疾人的工作、生活等情况，为残疾人服务。

（2）组织和扶持盲文读物、盲人有声读物及其他残疾人读物的编

写和出版，根据盲人的实际需要，在公共图书馆设立盲文读物、盲人有声读物图书室。

（3）开办电视手语节目，开办残疾人专题广播栏目，推进电视栏目、影视作品加配字幕、解说。

（4）组织和扶持残疾人开展群众性文化、体育、娱乐活动，举办特殊艺术演出和残疾人体育运动会，参加国际性比赛和交流。

（5）文化、体育、娱乐和其他公共活动场所，要为残疾人提供方便和照顾。要有计划地兴办残疾人活动场所。

四、残疾人的社会保障权利

地方各级政府对无劳动能力、无扶养人或者扶养人不具有扶养能力、无生活来源的残疾人，按照规定予以供养。

单 元 小 结

为保障弱势群体的权益，国家制定了《中华人民共和国妇女权益保障法》《中华人民共和国未成年人保护法》《中华人民共和国老年人权益保障法》《中华人民共和国残疾人保障法》。

国家保障妇女的财产权益、劳动和社会保障权益、人身权益以及在婚姻家庭中的权益。对于权益被侵害的妇女，提供多种途径的救济：可以由有关部门依法处理；可以依法向仲裁机构申请仲裁；可以向人民法院起诉；可以向妇女组织投诉。

《中华人民共和国未成年人保护法》规定：家庭、学校、社会都对未成年人负有特殊保护义务。

针对老年人权益保护问题，本单元重点介绍了对老年人的家庭赡养与扶养以及侵害老年人权益的法律责任。

最后，本单元介绍了对残疾人权益的保护，主要涉及残疾人的教育权利、劳动就业权利、文化权利和社会保障权利。

复习思考题

1. 为保障妇女的财产权益，农村划分土地时有什么规定?
2. 在保障妇女劳动权益方面，法律有哪些主要规定?
3. 妇女的合法权益受到侵害时有哪些救济渠道?
4. 中国传统的“棍棒底下出孝子”的观念与未成年人权益保护有什么冲突?
5. 学校老师对犯错误的未成年人可以实行体罚吗?
6. 初中生的家长怀疑孩子早恋是否可以偷看未成年人的日记和信件?
7. 子女是否可以放弃继承权为理由拒绝赡养老人?
8. 国家如何保障残疾人享有的教育权利?

第七单元 产品质量的保障和消费者权益的保护

学习任务1 经营者的产品质量义务和责任

任务描述

《中华人民共和国产品质量法》（简称“产品质量法”）规定了在加工、制作、销售产品过程中，生产者、销售者应当承担的产品质量义务。农民既是产品的消费者也可能是生产者、销售者，了解法律规定的产品质量监督管理制度，既有助于维护自己的权益，也有助于做遵纪守法的经营者。

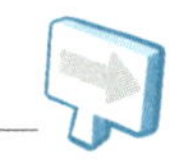

案例 7-1

某市工商局接到举报，在近郊农村，有人在生产“三假月饼”（假厂址、假厂名、质量掺假）。执法人员赶到现场，查获陈某雇佣4人在一出租屋内加工月饼，所用原材料为霉变的果仁等，用购买的包装盒装入自己加工的月饼，再贴上印刷厂擅自印制的合格证。

评 析

依据《中华人民共和国产品质量法》有关规定，对在产品中掺杂、掺假，以假充真，以次充好，或者以不合格产品冒充合格产品的，责令停止生产、销售，没收违法生产、销售的产品，并处违法生产、销售产品货值金额50%以上3倍以下的罚款；有违法所得的，并处没收违法所得；情节严重的，吊销营业执照；构成犯罪的，依法追究刑事责任。

案例 7-2

某村老人宋某，平日儿女均外出打工，老人独自在家留守。春节前夕儿子回到家中陪老人过年，并购买了一条电热毯孝敬老人。不料用了两天即发生意外，老人头一天晚上用电热毯安然睡下后，第二天早晨被儿子发现床铺失火，老人被烧死。

评 析

此案属于一起典型的产品质量不合格导致消费者权益受到损害的案件。案发后，当地技术监督部门对电热毯厂家的产品做了鉴定，发现有七项指标不合格，法院对此案作出判决：电热毯厂家应赔偿死者家属丧葬费、死亡赔偿金、财产损失合计22万元，并且没收生产厂家违法生产、销售所得，并处罚款。

《中华人民共和国产品质量法》所称的产品，是指经过加工、制作、用于销售的产品，不包括初级农产品和不动产（如房屋）。建设工程不适用本法规定，但是，建设工程使用的建筑材料、建筑构配件和设备，属于前款规定的产品范围的，适用本法规定。

一、产品质量监督管理制度

（一）产品质量标准

产品质量应当检验合格，不得以不合格产品冒充合格产品。

《中华人民共和国产品质量法》规定，可能危及人体健康和人身、财产安全的工业产品，必须符合保障人体健康和人身、财产安全的国

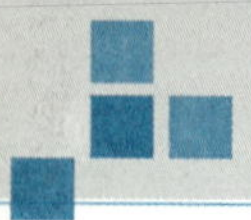

家标准、行业标准；未制定国家标准、行业标准的，必须符合保障人体健康和人身、财产安全的要求。

禁止生产、销售不符合保障人体健康和人身、财产安全的标准和要求的工业产品。具体管理办法由国务院规定。

（二）产品质量认证制度和监督检查制度

国家推行产品质量认证制度，企业根据自愿原则可以向认可的认证机构申请产品质量认证。经认证合格的，由认证机构颁发产品质量认证证书，准许企业在产品或者其包装上使用产品质量认证标志。

产品质量监督管理机关监督管理的具体办法主要是对产品质量抽查和检验。

除国家机关的监督外，社会舆论和社会组织也拥有对产品质量进行监督的权利。社会舆论监督，是指通过报纸、广播、电视等媒体，对产品质量进行报道，宣传质量优良的产品，披露假冒伪劣产品及其生产者和经营者。社会组织监督主要是指消费者协会或者行业协会团体对产品质量的监督。

（三）消费者的质量监督权

《中华人民共和国产品质量法》规定，消费者有权就产品质量问题，向产品的生产者、销售者查询；向产品质量监督部门、工商行政管理部门及有关部门申诉，接受申诉的部门应当负责处理。保护消费者权益的社会组织可以就消费者反映的产品质量问题建议有关部门负责处理，支持消费者对因产品质量造成的损害向人民法院起诉。

二、生产者、销售者的产品质量义务

（一）生产者的产品质量义务

生产者的产品质量义务可分为积极义务与消极义务两方面内容，

积极义务是指须通过积极的行为去实施和完成的义务，消极义务是指不得从事和实施某些行为的义务。

1. 积极义务 生产者在产品质量方面须符合下列要求：

（1）属于能够危及人身、财产安全的产品，不得存在不合理危险，有保障人体健康，人身、财产安全的国家标准、行业标准的，应该符合该标准。

（2）应该具备产品应当具备的使用性能，但对产品存在使用性能瑕疵做出说明的除外。

（3）符合在产品或者包装上注明采用的标准，符合以产品说明、实物样品等方式表明的质量状况。

生产者在产品或其包装的标识方面须符合下列要求：

（1）有产品质量检验合格证明。

（2）有中文标明的产品名称、生产厂厂名和厂址。

（3）根据产品的特点和使用要求，需要标明产品规格、登记、所含主要成分的名称和含量。

（4）限期使用的商品，标明生产日期和安全使用期或失效日期。

（5）使用不当，容易造成产品本身损坏或者可能危及人身、财产安全的产品，有警示标识或者中文警示说明。

此外，对于裸装的食品和其他根据产品的特点难以附加标识的裸装产品，可以不要求附加产品标志。有关剧毒、危险、易碎、储运中不能倒置以及有其他特殊要求的产品，其包装必须符合相应要求，有警示标识或者中文警示说明标明储运注意事项。

2. 消极义务

（1）生产者不得生产国家明令淘汰或禁止生产的产品。

（2）生产者不得伪造产地，不得伪造或者冒用他人的厂名、厂址。

（3）生产者不得伪造或者冒用认证标识、名优标志等质量标志。

（4）生产者生产产品，不得掺杂、掺假，不得以假充真、以次充好，不得以不合格产品冒充合格产品。

（二）销售者的产品质量义务

销售者的产品质量义务主要包括：

（1）销售者应当采取措施严格执行进货检查验收制度，验明产品合格证明和其他标志。

（2）销售者应当采取措施，保证销售产品的质量。

（3）销售者不得销售失效、变质的产品。

（4）销售者销售的产品的标识，应当符合法律、法规的规定。

（5）销售者对其销售的产品，不得伪造产地，不得伪造或者冒用他人厂名、厂址。

（6）销售者不得伪造或者冒用认证标识、名优标志等质量标志。

（7）销售者销售产品，不得掺杂掺假，不得以假充真、以次充好，不得以不合格的产品冒充合格产品。

三、违反产品质量法的责任

为保护用户、消费者的合法权益，产品质量法规定，生产者、销售者故意生产或销售不符合质量标准的产品，应承担法律责任。

（一）生产者的损害赔偿责任

产品质量法规定，因产品存在缺陷造成人身、缺陷产品以外的其他财产（简称“其他财产”）损害的，生产者应当承担赔偿责任。损害赔偿以产品存在缺陷为前提，即产品存在危及人身、他人财产安全的不合理的危险。损害赔偿还要求已经造成人身、财产的实际损害。

产品有保障人体健康，人身、财产安全的国家标准、行业标准的，生产者所生产的产品不符合该标准，但能证明有下列情形之一的，不承担赔偿责任：①未将产品投入流通的；②产品投入流通时，引起损害的缺陷尚不存在的；③将产品投入流通时的科学技术尚不能发现缺陷的存在的。

（二）销售者的损害赔偿责任

1. 修理、更换、退货责任 产品质量法规定，销售者对售出的产品有下列情形之一的，应当负责修理、更换、退货；给购买产品的用户、消费者造成损失的，销售者应当赔偿损失。

（1）不具备产品应当具备的使用性能而事先未作说明的。

（2）不符合在产品或者包装上注明采用的产品标准的。

（3）不符合产品说明、实物样品等方式表明的质量状况的。

销售者未按上述规定予以修理、更换、退货或者赔偿损失的，负责产品质量监督工作的部门或者工商行政管理部门责令改正。销售者负责修理、更换、退货、赔偿损失后，属于生产者的责任或者属于向销售者提供产品的其他销售者（简称“供货者”）的责任的，销售者有权向生产者、供货者追偿。

2. 赔偿责任 产品质量法对销售者的赔偿责任规定了下列情况：

（1）由于销售者的过错使产品存在缺陷的，造成人身、其他财产损害的，销售者应当承担赔偿责任。

（2）销售者不能指明缺陷产品的生产者，也不能指明缺陷产品的供货者的，销售者应当承担赔偿责任。

（三）赔偿数额

产品质量法规定，因产品存在缺陷造成受害人人身伤害的，侵害人应当赔偿医疗费、治疗期间的护理费、因误工减少的收入等费用；造成残疾的，还应当支付残疾者生活自助费、生活补助费、残疾赔偿金以及由其扶养的人所必需的生活费等费用；造成受害人死亡的，并应当支付丧葬费、死亡赔偿金以及由死者生前扶养的人所必需的生活费等费用。

因产品存在缺陷造成受害人财产损失的，侵害人应当恢复原状或者折价赔偿。受害人因此遭受其他重大损失的，侵害人应当赔偿损失。

四、消费者损害赔偿的追索

《中华人民共和国产品质量法》规定，因产品质量缺陷造成受害人人身、其他财产损害的，受害人既可以向产品的生产者要求赔偿，也可以向产品的销售者要求赔偿。属于产品生产者的责任，而销售者予以赔偿的，销售者有权向生产者追偿。属于销售者的责任，而生产者予以赔偿的，生产者有权向销售者追偿。

学习任务2　消费者权益保护

任务描述

《中华人民共和国消费者权益保护法》（简称“消费者权益保护法”）是消费者为生活消费需要购买、使用商品或者接受服务的维权利剑；也是经营者为消费者提供其生产、销售的商品或者提供服务的行为规范。农民购买、使用直接用于农业生产的生产资料也同样适用《中华人民共和国消费者权益保护法》。本节内容需要重点掌握消费者的权利、经营者的义务和赔偿责任的划分以及经营者的法律责任。

一、消费者的权利

案例 7－3

村民刘某因为随儿子进城，准备帮儿子购买房屋。看房的过程中刘某在房产公司留下了个人信息，结果装修、家具、窗帘等公司的电话便接踵而至，令刘某不堪其扰。那么刘某的烦恼在法律上有没有办法解决呢？

评析

这涉及消费者权利保护的问题。《中华人民共和国消费者权益保护法》明确规定消费者享有个人信息受保护权；也规定了经营者侵害个人信息的，应当承担停止侵害、赔偿损失的民事责任和罚款等行政责任。因此，刘某有权追究房产公司的法律责任。

全面保护消费者权益是消费者权益保护法的最首要原则，根据该法规定，消费者享有下列权利：

（1）安全权。消费者在购买、使用商品和接受服务时，享有人身、财产安全不受侵害的权利。消费者有权要求经营者提供的商品和服务，符合保障人身、财产安全的要求。

（2）知悉权。消费者有知悉其购买、使用的商品或者接受的服务的真实情况的权利。有权根据商品或服务的不同情况，要求经营者提供商品的价格、产地、生产者、用途、性能、规格、等级、主要成分、生产日期、有效期限、检验合格证明、使用方法说明书、售后服务，或者服务的内容、规格、费用等有关情况。

（3）选择权。消费者有权自主选择经营者、商品品种、服务方式；自主决定是否购买商品和接受服务，在选择时有权进行比较、鉴别和挑选。

（4）公平交易权。消费者在购买商品或者接受服务时，有权获得质量保障、价格合理、计量正确等公平交易条件，有权拒绝经营者的强制交易行为。

（5）要求赔偿权。消费者因购买、使用商品或者接受服务受到人身、财产损害的，享有依法获得赔偿的权利。

（6）结社权。消费者享有依法成立维护自身合法权益的社会组织的权利。

（7）获知权。消费者享有获得有关消费和消费者权益保护方面知识的权利。

（8）受尊重权。消费者在购买、使用商品和接受服务时，享有人

格尊严、民族风俗习惯得到尊重的权利。

(9) 个人信息受保护权。消费者享有个人信息依法得到保护的权利。

(10) 监督权。消费者有权检举、控告侵害消费者权益的行为和国家机关及其工作人员在保护消费者权益工作中的违法失职行为，有权对保护消费者权益工作提出批评、建议。

二、经营者的义务

案例 7－4

某地很多消费者反映某电视台播出了关于治风湿的胶囊广告，由某知名影星代言，在宣传疗效功能方面夸得神乎其神，当地很多村民信以为真，但购买后发现上当受骗。

评 析

经营者的宣传内容必须真实，不得做引人误解的虚假宣传，对消费者关于商品或服务质量和方法所提出的询问，应当做出真实、明确的答复。针对虚假广告充斥电视节目、明星代言产品质量参差不齐等损害消费者权益的情况，消费者权益保护法做出了相应规定。根据消费者权益保护法，本案例中播出虚假胶囊广告的电视台、某知名影星应承担连带责任。当然，连带赔偿责任仅仅适用于关系消费者生命健康的商品或者服务。

案例 7－5

村民甲通过电视购物买了一台微波炉，货到后总感觉没有在电视上宣传得那么好，想退货又怕不给退，心里很懊悔，不知如何是好。

评 析

消费者权益保护法规定，经营者采用网络、电视、电话、邮购等方式销售的商品，消费者有权自收到商品日起 7 天内无理由退货，所以甲不必发愁去寻找退货理由，只要不是限制退货的商品都可以。

案例 7－6

农民乙去县城百货公司买了一件棉衣，拿回家发现衣服上有一霉点，遂要求退货。店员指着旁边一牌子说：那有提示，商品售出一律不退不换，乙很生气。

评 析

“一经售出，概不退换”的告示似乎是已经提醒了消费者，但这是一起典型的经营者以“店堂告示”方式损害消费者利益的案例。此类告示，因涉及消费者与经营者之间的权利义务关系，作出了对消费者不公平、不合理的规定，免除、减轻了经营者自身应承担的民事责任，所以其内容无效。

根据消费者权益保护法规定，经营者承担下列义务：

（1）如实标记的义务。包括明码标价和标明真实名称和标记。

（2）出具凭证和单据的义务。经营者提供商品或者服务，应当按照国家有关规定或者商业惯例向消费者出具购货凭证或服务单据；消费者索要购货凭证或者服务单据的，经营者必须出具，不得拒绝。

（3）保证产品质量的义务。经营者应当保证在正常使用商品或者接受服务的情况下，其提供的商品或者服务应当具有的质量、性能、用途和有效期限，但消费者在购买该商品或者接受该服务前已经知道其存在瑕疵的除外。

（4）确保宣传内容真实的义务。

(5) 耐用商品和装饰服务经营者的瑕疵举证责任。耐用商品包括机动车、计算机、电视机、电冰箱、空调器、洗衣机等。

(6) 商品或服务质量的“三包”责任。即商品或服务不符合质量要求的，消费者可以要求更换、修理或符合条件时退货。

(7) 网络等方式销售商品无理由退货责任。采用网络、电视、电话、邮购等方式销售商品的，除规定的商品外，消费者有权7日内无理由退货。

(8) 严格遵守公平交易的义务。经营者不得以格式合同、通知、声明、店堂告示等方式作出对消费者不公平、不合理的规定，或者减轻、免除其损害消费者合法权益应当承担的民事责任。

(9) 尊重消费者的义务。经营者不得对消费者进行侮辱、诽谤，不得搜查消费者的身体及其携带的物品，不得侵犯消费者的人身自由。

(10) 网络、电视购物等方式经营者和金融服务者提供真实信息的义务。

(11) 合法、正当、必要收集、使用消费者个人信息责任。

三、消费者协会的职能

案例 7－7

村民李某家办喜事，请亲朋好友去饭店吃饭，李家自带了酒水，却遭到拒绝，饭店声称如发现擅自饮用自带酒水，将立即没收。李家认为这属于霸王条款，便向当地消费者协会投诉。但经调解后，消费者协会也表示爱莫能助，让李家到法院起诉。李家觉得为了这个事情去打官司太不值得了，只能作罢。

评 析

对于消费纠纷数额较小的事件，相当多的消费者衡量维权成本后，出于各种原因不愿意维权。《中华人民共和国消费者权益保护法》明确了消费者协会的诉讼主体地位，对于群体性消费事件，消费者可以请求消费者协会提起公益诉讼。但如果是单一消费事件，消费者只能自行提起民事诉讼。本案例中，根据消费者权益保护法，李家可以请求消费者协会提起公益诉讼。

消费者协会是依法成立的对商品和服务进行社会监督的保护消费者合法权益的社会团体。消费者协会的职能如下：

(1) 向消费者提供消费信息和咨询服务。

(2) 参与制定有关消费者权益的法律、法规和强制性标准。

(3) 参与有关行政部门对商品和服务的监督、检查。

(4) 就有关消费者的合法权益问题，向有关部门反映、查询，提出建议。

(5) 受理消费者的投诉，并对投诉事项进行调查、调解。

(6) 投诉事项涉及商品和服务质量问题的，可以提请鉴定部门鉴定，鉴定部门应当告知鉴定结论。

(7) 就损害消费者合法权益的行为，支持受损害的消费者提起诉讼。

(8) 对损害消费者合法权益的行为，通过大众传播媒介予以揭露、批评。

消费者协会不得从事商品经营和盈利性服务，不得以牟利为目的向社会推荐商品和服务。

四、争议的解决

(一) 争议的解决途径

案例 7-8

村民老陈在县电器商场促销活动时购买了一台电视机，可使用不到一个月，电视机便出现了问题。老陈拿着发票找到商场，但商场认为电视机是老陈人为损坏的，不同意免费修理。老陈想将商场告上法庭，但村里的大学生告诉他：你得拿出证据证明电视机存在质量问题，拿不出证据的话打官司也得败诉。大学生说得对不对呢？老陈能不能去打这官司呢？

评 析

打官司来解决纠纷，是消费者维权的一条正当途径。“谁主张，谁举证”，这是打官司时适用的一般原则，消费者在维权时要承担举证责任。但是，由于一些商品和服务技术含量高，消费者维权困难。《中华人民共和国消费者权益保护法》规定，对于一些耐用的、技术含量高的商品和服务，在6个月内出现质量瑕疵产生争议的，举证责任由经营者承担，也就是说，老陈可以不再为举证难发愁了。但要注意，这个规则仅适用于机动车、计算机、电视机、电冰箱、空调、洗衣机等耐用商品或者装饰装修等服务。

消费者和经营者发生消费权益争议的，可以通过下列途径解决：

（1）与经营者协商解决。

（2）请求消费者协会解决。

（3）向有关行政部门申诉。

（4）根据与经营者达成的仲裁协议提请仲裁机构。

（5）向人民法院提起诉讼。

（二）经营者的赔偿责任划分

1. 生产者、销售者的赔偿责任 消费者在购买、使用商品时，其合法权益受到损害的，可以向销售者要求赔偿。销售者赔偿后，属于生产者的责任或者属于向销售者提供商品的其他销售者的责任的，销售者有权向生产者或其他销售者追偿。

消费者或者其他受害人因商品缺陷造成人身、财产损害的，可以向销售者要求赔偿，也可以向生产者要求赔偿。属于生产者的责任的，销售者赔偿后，有权向生产者追偿。属于销售者的责任的，生产者赔偿后，有权向销售者追偿。

2. 服务者的赔偿责任 消费者在接受服务时，其合法权益受到损害的，可以向服务者要求赔偿。

3. 经营者组织变动后的赔偿责任 消费者在购买、使用商品或者接受服务时，其合法权益受到损害，因原企业分立、合并的，可以向变更后承受其权利义务的企业要求赔偿。

4. 借用他人营业执照经营者的赔偿责任 经营者使用他人营业执照违法经营所提供的商品或者服务，损害消费者合法权益的，消费者可以向其要求赔偿，也可以向营业执照的持有人要求赔偿。

5. 租赁柜台经营者的赔偿责任 消费者在展销会、租赁柜台购买商品或者接受服务，其合法权益受到损害的，消费者可向销售者或者服务者要求赔偿。展销后结束或者柜台租赁期满后，也可以向展销会的举办者、柜台的出租者要求赔偿。展销会的举办者、柜台的出租者赔偿后，有权向销售者或者服务者追偿。

6. 经营者利用虚假广告的赔偿责任 经营者利用虚假广告提供商品或服务，使消费者合法权益受到损害的，消费者可以向经营者要求赔偿。广告的经营者发布虚假广告的，消费者可以请求行政主管部门予以惩处。广告的经营者不能提供经营者的真实姓名、地址的，应当承担赔偿责任。

五、经营者的法律责任

案例 7－9

小芳看见超市的化妆品大减价，原价 100 元一瓶，现在只需 20 元，就买了一瓶，回去使用后发现化妆品已过期 3 个月。她想找卖家去退货，但又怕对方不同意，就想算了。

评 析

《中华人民共和国消费者权益保护法》规定，经营者提供商品或者服务有欺诈行为的，应当按照消费者的要求增加赔偿其受到的损失，增加赔偿的金额为消费者购买商品的价款或者接受服务的费用的3倍；增加赔偿的金额不足500元的，为500元。本案例中，卖家的行为明显构成价格欺诈，小芳能获得3倍赔偿，由于该数额低于500元，因此小芳可以获得500元的赔偿。当然不是所有情况都照此办理，此赔偿原则仅针对经营者存在欺诈消费者的行为的情形。

《中华人民共和国消费者权益保护法》规定，经营者提供的商品或服务不符合规定要求，侵害消费者利益的，根据不同情况，承担民事责任、行政责任、刑事责任。

（一）经营者的民事责任

1. 承担民事责任的情形 经营者提供的商品或服务，有下列情形之一的，承担民事责任：

（1）商品或者服务存在缺陷的。

（2）不具备商品应当具备的使用性能而出售时未作说明的。

（3）不符合在商品或者包装上注明采用的商品标准的。

（4）不符合商品说明、实物样品等方式表明的质量状况的。

（5）国家明令淘汰的商品或者失效、变质的商品的。

（6）销售的商品数量不足的。

（7）服务的内容和费用违反约定的。

（8）对消费者提出的修理、重作、更换、退货、补足商品数量、退还货款和服务费用或者赔偿损失的要求，故意拖延或者无理拒绝的。

（9）法律、法规规定的其他损害消费者权益的情形。

2. 承担民事责任的方式和赔偿范围

（1）造成人身伤害的民事责任。经营者提供商品或者服务，造成消费者或者其他受害人人身伤害的，应当支付医疗费、护理费、交通费等为治疗和康复支出的合理费用，以及因误工减少的收入。造成残疾的，还应当支付残疾者生活辅助具费和残疾赔偿金。造成死亡的，还应当赔偿丧葬费和死亡赔偿金。

（2）侵害人格尊严、侵犯人身自由或者个人信息的，经营者应当停止侵害、消除影响、赔礼道歉，并赔偿损失。对于实施侮辱诽谤、搜查身体、侵犯人身自由行为、造成严重精神损害的，受害人可以要求赔偿精神损害。

（3）造成消费者财产损害的民事责任。经营者提供商品或者服务，造成消费者财产损害的，应当按照消费者的要求，以修理、重作、更换、退货、补足商品数量、退还货款和服务费用或者赔偿损失等方式承担民事责任。

（4）经营者以预收款方式提供商品或服务的，应当按照约定提供。未按约定提供的，应当按消费者的要求履行约定或者退回预付款，并应当承担预付款的利息、消费者必须支付的合理费用。

（5）商品不合格的民事责任。依法经有关行政部门认定为不合格的商品，消费者要求退货的，经营者应当负责退货。

（6）欺诈经营的加倍赔偿责任。经营者提供商品或者服务有欺诈行为的，应当按照消费者的要求增加赔偿其受到的损失，增加赔偿的金额为消费者购买商品的价款或者接受服务的费用的 3 倍。加倍赔偿的金额不足 500 元的，为 500 元。

经营者明知商品或者服务存在缺陷，仍然向消费者提供，造成消费者或其他受害人死亡或者健康严重损害的，受害人有权要求按相应法律规定赔偿损失，并有权要求所受损失 2 倍以下的惩罚性赔偿。

（二）对经营者的行政处罚

经营者有下列情形之一，除承担民事责任外，还应按其他法律、法规的规定进行处罚；其他法律、法规未规定的，由工商管理部门或其他有关行政部门责令改正，单处或并处警告、没收违法所得、处以违法所得1倍以上10倍以下的罚款，没有违法所得的，处以50万元以下的罚款；情节严重的，责令停业整顿、吊销营业执照。

（1）提供的商品或者服务不符合保障人身、财产安全要求的。

（2）在商品中掺杂、掺假，以假充真，以次充好，或者以不合格商品冒充合格商品的。

（3）生产国家明令淘汰的商品或者销售失效、变质的商品的。

（4）伪造商品的产地。伪造或者冒用他人的厂名、厂址，篡改生产日期，伪造或者冒用认证标志等质量标志的。

（5）销售的商品应当检验、检疫而未检验、检疫或者伪造检验、检疫结果的。

（6）对商品或者服务做虚假或引人误解的宣传的。

（7）拒绝或者拖延有关行政部门责令对缺陷商品或者服务采取停止销售、警示、召回、无害化处理、销毁、停止生产或服务等措施的。

（8）对消费者提出的修理、重作、更换、退货、补足商品数量、退还货款和服务费用或者赔偿损失要求，故意拖延或者无理拒绝的。

（9）侵害消费者人格尊严或者侵犯消费者人身自由的。

（10）侵害消费者人格尊严、侵犯消费者人身自由或者侵害消费者个人信息依法得到保护的权利的。

（11）法律、法规规定的对损害消费者权益应当予以处罚的其他情形。

经营者有前款规定情形的，除依照法律、法规规定予以处罚外，处罚机关应当记入信用档案，向社会公布。

单 元 小 结

本单元主要讲述《中华人民共和国产品质量法》和《中华人民共和国消费者权益保护法》。在产品质量法中需要掌握产品质量的监督管理制度，生产者、销售者的产品质量义务和违反产品质量法的责任。在消费者权益保护法中，需要掌握消费者的权利、经营者的义务、消费者协会的职能，学会解决争议的方式，了解经营者的法律责任。

复习思考题

1. 生产者在产品或其包装的标识方面须符合哪些要求？
2. 生产者的消极义务有哪些？
3. 销售者的产品质量义务有哪些？
4. 生产者在什么情况下承担损害赔偿责任？
5. 销售者在什么情况下承担修理、更换、退货责任？什么情况下承担赔偿责任？
6. 产品质量存在缺陷侵害消费者的赔偿数额如何确定？
7. 消费者有哪些权利？
8. 消费者如何区分生产者、销售者的赔偿责任？
9. 经营者造成消费者财产损害的如何承担责任？
10. 经营者欺诈经营如何赔偿消费者？

第八单元
妥善处理纠纷与理性维权

学习任务1　依法信访避免盲从

任务描述

推动信访工作的法治化是信访条例的核心，许多农民往往在自身权利受到侵害时选择上访的方式进行维权，信访是农民可以选择的一种权利救济的渠道。但是信访人也要遵守相应的责任和义务，只有建立良好的法律秩序才能实现维权的效率。

案例 8－1

某村民徐某因其妹被企业的保卫科工作人员打伤，开始上访。在其妹已与相关方面达成调解协议后仍多年经常到北京等地非法上访。鉴于徐某长期多次进京非法上访，且无端索要财物、殴打辱骂他人、滋事闹事，严重扰乱社会秩序，当地人民法院依照《中华人民共和国刑法》规定，以寻衅滋事罪判处徐某有期徒刑 4 年。

评　析

中华人民共和国《信访条例》规定，公民对相关组织、人员的职务行为有权向有关行政机关进行信访；如果采取走访的方式，须遵守相关的规定，否则可能构成非法上访，给自己带来不利的后果。

一、信访的事项

《信访条例》规定，信访人对下列组织、人员的职务行为反映情况，提出建议、意见，或者不服下列组织、人员的职务行为，可以向有关行政机关提出信访事项。

（1）行政机关及其工作人员。

（2）法律、法规授权的具有管理公共事务职能的组织及其工作人员。

（3）提供公共服务的企业、事业单位及其工作人员。

（4）社会团体或者其他企业、事业单位中由国家行政机关任命、派出的人员。

（5）村民委员会、居民委员会及其成员。

对依法应当通过诉讼、仲裁、行政复议等法定途径解决的投诉请求，信访人应当依照有关法律、行政法规规定的程序向有关机关提出。这一规定意味着“可走法定程序的事项，将不作信访事项来受理”。

二、信访的方式及相关注意事项

（一）信访以书信方式为主

信访人提出信访事项，一般应当采用书信、电子邮件、传真等书面形式；信访人提出投诉请求的，还应当载明信访人的姓名（名称）、住址和请求、事实、理由。有关机关对采用口头形式提出的投诉请求，应当记录信访人的姓名（名称）、住址和请求、事实、理由。

（二）走访形式的注意事项

（1）信访人采用走访形式提出信访事项，应当向依法有权处理的本级或者上一级机关提出；信访事项已经受理或者正在办理的，信访人在规定期限内向受理、办理机关的上级机关再提出同一信访事项的，该上级机关不予受理。

（2）信访人采用走访形式提出信访事项的，应当到有关机关设立或者指定的接待场所提出。

（3）多人采用走访形式提出共同的信访事项的，应当推选代表，代表人数不得超过5人。

（4）《信访条例》规定信访人采用集体走访形式提出共同的信访事项的，可以向有权处理的国家机关预约，按照预约的时间和地点走访。

（三）非正常上访不予受理的情况

国家机关对下列情况的上访不予受理：

（1）群众集访拒不推选代表的。

（2）群众违反规定越级走访的。

（3）信访事项已经由有关国家机关受理或者正在办理，而信访人在规定期限内向国家机关重复走访的。

（4）信访事项终结后信访人仍反复上访的。

三、对信访人的约束

信访秩序要靠信访人、信访工作人员来共同建立和维护，信访人在行使合法权利的同时，应当遵守社会公共秩序，不得损害国家利益、社会公共利益和其他公民的合法权利；提出的信访事项客观真实，不得歪曲、捏造事实诬告、陷害他人；依照法律、法规规定的方式和程序进行信访活动。

信访人在信访过程中不得有下列行为：

（1）在国家机关办公场所周围、公共场所非法聚集，围堵、冲击国家机关，拦截公务车辆，或者堵塞、阻断交通的。

（2）携带危险物品、管制器具的。

（3）侮辱、殴打、威胁国家机关工作人员，或者非法限制他人人身自由的。

（4）在信访接待场所滞留、滋事，或者将生活不能自理的人弃留在信访接待场所的。

（5）煽动、串联、胁迫、以财物诱使、幕后操纵他人信访或者以信访为名借机敛财的。

（6）扰乱公共秩序、妨害国家和公共安全的其他行为。

四、违反信访规定的法律后果

（一）违反走访规定的法律责任

对于违反走访规定，未按有关机关设立或者指定的接待场所进行走访、多人采用走访形式未按规定推举代表人的，有关国家机关工作人员应当对信访人进行劝阻、批评或者教育。

经劝阻、批评和教育无效的，由公安机关予以警告、训诫或者制止；违反集会游行示威的法律、行政法规，或者构成违反治安管理行为的，由公安机关依法采取必要的现场处置措施、给予治安管理处罚；构成犯罪的，依法追究刑事责任。

（二）捏造歪曲事实、诬告陷害他人的法律责任

信访人捏造歪曲事实、诬告陷害他人，构成犯罪的，依法追究刑事责任；尚不构成犯罪的，由公安机关依法给予治安管理处罚。

学习任务 2　人民调解便利民众

任务描述

2011年1月1日起开始施行《中华人民共和国人民调解法》（简称“人民调解法”），该法主要规定了人民调解委员会、人民调解员、调解程

序、调解协议。了解这些规定，对于解决民事纠纷又可以多一个法宝。

案例 8－2

王某夫妻有两个儿子，夫妻二人与次子一起生活。但由于婆媳关系不和，生活中矛盾不断。经村民委员会调解，王某夫妻二人便在另一块宅基地（现居住处）盖房生活，由于次子急需盖房，经人协调，将此宅基地有偿让给次子。后因一些误会和矛盾，再次发生争执，次子对二老表示“生不养死不葬”。王某对次子的怨恨也不断加深，要“断绝父子关系”。

调解人员深入村民当中对此次纠纷进行调查，从矛盾点着手，以调解小组的形式分别多次对双方当事人进行劝导，促使双方最终达成一致协议：王某现居住宅基地由次子无偿使用，其上的全部附着物所有权以 1 万元价格让与次子，在不影响王某正常生活的情况下，其次子有权对宅基地上的附着物进行处分，王某不得干涉。

评 析

当前农村社会矛盾纷繁复杂，人民调解在排除农村民间纠纷、维护农村社会秩序的稳定上发挥着越来越重要的作用，是维护农村社会稳定的“第一道防线”。本案涉及农村生活中最常见的几种矛盾，即婆媳问题、赡养问题以及分家析产问题，人民调解在解决矛盾纠纷过程中发挥着重要作用。

一、人民调解的适用范围

根据《中华人民共和国人民调解法》的有关规定，人民调解是指人民调解委员会通过说服、疏导等方法，促使当事人在平等协商基础上自愿达成调解协议，解决民间纠纷的活动。村民之间的邻里纠纷、权利损害赔偿、家庭成员之间的分家、继承等争议都可以进行人民调解。

人民调解委员会调解民间纠纷，不收取任何费用。

二、调解的组织和程序

（一）调解组织

1. 谁是调解组织？ 人民调解委员会是依法设立的调解民间纠纷的群众性组织。在农村，村民委员会即可设立人民调解委员会。人民调解委员会由 3～9 名委员组成，设主任一人，必要时，可以设副主任若干人。人民调解委员会应当有妇女成员，多民族居住的地区应当有人数较少民族的成员。

2. 谁来做调解委员会的委员？ 由村民委员会组建的人民调解委员会委员由村民会议或者村民代表会议推选产生。人民调解委员会委员每届任期三年，可以连选连任。

3. 人民调解员是干什么的？ 人民调解员由人民调解委员会委员和人民调解委员会聘任的人员担任，由当地公道正派、热心人民调解工作，并具有一定文化水平、政策水平和法律知识的成年公民担任。人民调解员从事调解工作，应当给予适当的误工补贴；因从事调解工作致伤致残，生活发生困难的，当地人民政府应当提供必要的医疗、生活救助；在人民调解工作岗位上牺牲的人民调解员，其配偶、子女按照国家规定享受抚恤和优待。

人民调解员在调解工作中有下列行为之一的，由其所在的人民调解委员会给予批评教育、责令改正，情节严重的，由推选或者聘任单位予以罢免或者解聘：①偏袒一方当事人的；②侮辱当事人的；③索取、收受财物或者牟取其他不正当利益的；④泄露当事人的个人隐私、商业秘密的。

（二）调解程序

1. 村民发生民事纠纷，必须接受调解吗？ 当事人可以向人民调解委员会申请调解，人民调解委员会也可以主动调解。当事人一方明确拒绝调解的，不得调解。

2. 调解时可不可以有其他人在场？ 人民调解员根据调解纠纷的需要，在征得当事人的同意后，可以邀请当事人的亲属、邻里、同事等参与调解，也可以邀请具有专门知识、特定经验的人员或者有关社会组织的人员参与调解。人民调解委员会支持当地公道正派、热心调解、群众认可的社会人士参与调解。

3. 纠纷当事人在调解过程中有哪些权利和义务？ 当事人在人民调解活动中享有下列权利：

（1）选择或者接受人民调解员。

（2）接受调解、拒绝调解或者要求终止调解。

（3）要求调解公开进行或者不公开进行。

（4）自主表达意愿、自愿达成调解协议。

当事人在人民调解活动中履行下列义务：

（1）如实陈述纠纷事实。

（2）遵守调解现场秩序，尊重人民调解员。

（3）尊重对方当事人行使权利。

三、调解协议

1. 什么是调解协议？ 经人民调解委员会调解达成调解，纠纷的双方当事人对纠纷的处理结果达成的一致意见就是调解协议，可以制作调解协议书。当事人认为无须制作调解协议书的，可以采取口头协议方式，人民调解员应当记录协议内容。调解协议书主要记述下列内容：

（1）当事人的基本情况。

（2）纠纷的主要事实、争议事项以及各方当事人的责任。

（3）当事人达成调解协议的内容，履行的方式、期限。调解协议书自各方当事人签名、盖章或者按指印，人民调解员签名并加盖人民调解委员会印章之日起生效。如果是口头调解达成协议，自各方当事人达成协议之日起生效。

2. 调解协议有什么效力？当事人还能不能向法院起诉？ 经人民

调解委员会调解达成的调解协议，具有法律约束力，当事人应当按照约定履行。人民调解委员会应当对调解协议的履行情况进行监督，督促当事人履行约定的义务。

达成调解协议后，当事人之间就调解协议的履行或者调解协议的内容发生争议的，一方当事人可以向人民法院提起诉讼。

3. 调解协议达成后能不能申请法院给予确认？经人民法院确认有什么意义？ 经人民调解委员会调解达成调解协议后，双方当事人认为有必要的，可以自调解协议生效之日起 30 日内共同向人民法院申请司法确认，人民法院应当及时对调解协议进行审查，依法确认调解协议的效力。

人民法院依法确认调解协议有效，一方当事人拒绝履行或者未全部履行的，对方当事人可以向人民法院申请强制执行。

人民法院依法确认调解协议无效的，当事人可以通过人民调解方式变更原调解协议或者达成新的调解协议，也可以向人民法院提起诉讼。

学习任务 3　有困难找法律援助

任务描述

穷人能否打得起打官司？中华人民共和国《法律援助条例》解决的就是这个问题。为了保障经济困难的公民获得必要的法律服务，政府对其实行法律援助。那么申请法律援助需要符合哪些条件？如何进行申请？将在本节予以介绍。

案例 8－3

村里的老人李某 70 多岁，儿子外出打工，儿媳带孙女进县城读书，老人在家无依无靠，也没有生活来源。热心的邻居有时接济一下老人的生活，同时建议老人到法院打官司，让儿子支付赡养费。但老人却犯了难，一个七旬老人不懂法律，官司可怎么打呀。在当地法律援助联络员的指引

下，李某向援助中心求助。因为其符合援助条件，为维护老年人的合法权益，县法律援助中心当即决定给予援助，并指派专人承办此案。李某最终拿到了赡养费。

评 析

政府为保障困难公民的权益，建立了法律援助制度，对符合条件的困难民众提供无偿的法律帮助。本案例中的李某符合申请法律援助的条件，属于请求给付赡养费的情形，所以没钱也能打官司，也能获得法律援助。

一、法律援助的范围

符合条件的公民，可以获得法律咨询、代理、刑事辩护等无偿法律服务。

（一）法律援助事项

公民对下列需要代理的事项，因经济困难没有委托代理人的，可以向法律援助机构申请法律援助：

（1）依法请求国家赔偿的。

（2）请求给予社会保险待遇或者最低生活保障待遇的。

（3）请求发给抚恤金、救济金的。

（4）请求给付赡养费、抚养费、扶养费的。

（5）请求支付劳动报酬的。

（6）主张因见义勇为行为产生的民事权益的。

（二）刑事诉讼的法律援助

刑事诉讼中有下列情形之一的，公民可以向法律援助机构申请法律援助：

（1）犯罪嫌疑人在被侦查机关第一次讯问后或者采取强制措施之日起，因经济困难没有聘请律师的。

（2）公诉案件中的被害人及其法定代理人或者近亲属，自案件移送审查起诉之日起，因经济困难没有委托诉讼代理人的。

（3）自诉案件的自诉人及其法定代理人，自案件被人民法院受理之日起，因经济困难没有委托诉讼代理人的。

（4）公诉人出庭公诉的案件，被告人因经济困难或者其他原因没有委托辩护人，人民法院为被告人指定辩护时，法律援助机构应当提供法律援助。

（5）被告人是盲、聋、哑人或者未成年人而没有委托辩护人的，或者被告人可能被判处死刑而没有委托辩护人的，人民法院为被告人指定辩护时，法律援助机构应当提供法律援助，无须对被告人进行经济状况的审查。

二、法律援助的申请

法律援助按下列规定进行申请：

（1）请求国家赔偿的，向赔偿义务机关所在地的法律援助机构提出申请。

（2）请求给予社会保险待遇、最低生活保障待遇或者请求发给抚恤金、救济金的，向提供社会保险待遇、最低生活保障待遇或者发给抚恤金、救济金的义务机关所在地的法律援助机构提出申请。

（3）请求给付赡养费、抚养费、扶养费的，向给付赡养费、抚养费、扶养费的义务人住所地的法律援助机构提出申请。

（4）请求支付劳动报酬的，向支付劳动报酬的义务人住所地的法律援助机构提出申请。

（5）主张因见义勇为行为产生的民事权益的，向被请求人住所地的法律援助机构提出申请。

（6）刑事诉讼，应当向审理案件的人民法院所在地的法律援助机

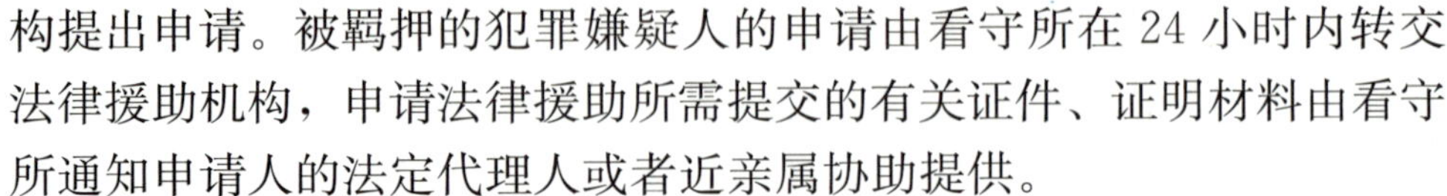

构提出申请。被羁押的犯罪嫌疑人的申请由看守所在24小时内转交法律援助机构，申请法律援助所需提交的有关证件、证明材料由看守所通知申请人的法定代理人或者近亲属协助提供。

学习任务4 社会救助关怀特困者

任务描述

为保障公民的基本生活，国家颁布实施了《社会救助暂行办法》。规定了农村最低生活保障制度：制定了保障标准、规定了保障对象和保障管理。规定了特困人员供养制度：对供养的内容和申请及提供供养的具体方式作了明确规定。规定了受灾人员、医疗、教育救助制度：对救助的措施、救助对象也作了明确规定。

案例8-4

小同是个感染艾滋病的儿童，不仅缺乏正常的家庭生活，而且受社会歧视，在生活、入学、医疗、社会参与等方面面临重重受阻。听说政府对类似的特困家庭有救助，小同与相依为命的奶奶满怀希望地在等待。

评 析

各地在艾滋病致孤儿童保护救助工作中，创立了不同的模式，对特困家庭实行救助政策。关爱艾滋病儿童不仅要保障他们的基本生活，还要关怀他们的心理人格，确保他们身体和心理健康完善地发展。

目前农村部分贫困人口尚未解决温饱问题，需要政府给予必要的救助，以保障其基本生活，并帮助其中有劳动能力的人积极劳动脱贫致富。为了保障公民的基本生活、促进社会公平、维护社会和谐稳定，我国自2014年5月1日起开始施行《社会救助暂行办法》。办法中与农民切身利益相关的主要制度如下。

一、农村最低生活保障制度

地方政府为家庭人均纯收入低于当地最低生活保障标准的农村贫困群众，按最低生活保障标准，提供维持其基本生活的物质帮助。

（一）农村最低生活保障标准

农村最低生活保障标准由县级以上地方人民政府按照能够维持当地农村居民全年基本生活所必需的吃饭、穿衣、用水、用电等费用确定，并报上一级地方人民政府备案后公布执行。农村最低生活保障标准随着当地生活必需品价格变化和人民生活水平提高适时进行调整。

（二）农村最低生活保障对象

农村最低生活保障对象是家庭年人均纯收入低于当地最低生活保障标准的农村居民，主要是因病残、年老体弱、丧失劳动能力以及生存条件恶劣等原因造成生活常年困难的农村居民。

（三）农村最低生活保障管理

建立农村最低生活保障制度，实行地方人民政府负责制，按属地进行管理。从农村实际出发，采取以下简便易行的方法：

1. 申请、审核和审批 申请农村最低生活保障，一般由户主本人向户籍所在地的乡（镇）人民政府提出申请；村民委员会受乡（镇）人民政府委托，也可受理申请。受乡（镇）人民政府委托，在村党组织的领导下，村民委员会对申请人开展家庭经济状况调查、组织村民会议或村民代表会议民主评议后提出初步意见，报乡（镇）人民政府；乡（镇）人民政府审核后，报县级人民政府民政部门审批。乡（镇）人民政府和县级人民政府民政部门要核查申请人的家庭收入，了解其家庭财产、劳动力状况和实际生活水平，并结合村民民主评议，提出审核、审批意见。在核算申请人家庭收入时，申请人家庭

按国家规定所获得的优待抚恤金、计划生育奖励与扶助金以及教育、见义勇为等方面的奖励性补助，一般不计入家庭收入，具体核算办法由地方人民政府确定。

2. 民主公示 村民委员会、乡（镇）人民政府以及县级人民政府民政部门要及时向社会公布有关信息，接受群众监督。公示的内容重点为最低生活保障对象的申请情况和对最低生活保障对象的民主评议意见，审核、审批意见，实际补助水平等情况。对公示没有异议的，要按程序及时落实申请人的最低生活保障待遇；对公示有异议的，要进行调查核实，认真处理。

3. 资金发放 最低生活保障金原则上按照申请人家庭年人均纯收入与保障标准的差额发放，也可以在核查申请人家庭收入的基础上，按照其家庭的困难程度和类别分档发放。

4. 动态管理 乡（镇）人民政府和县级人民政府民政部门要采取多种形式，定期或不定期调查了解农村困难群众的生活状况，及时将符合条件的困难群众纳入保障范围，并根据其家庭经济状况的变化，及时按程序办理停发、减发或增发最低生活保障金的手续。保障对象和补助水平变动情况都要及时向社会公示。

二、特困人员供养制度

国家对无劳动能力、无生活来源且无法定赡养、抚养、扶养义务人，或者其法定赡养、抚养、扶养义务人无赡养、抚养、扶养能力的老年人、残疾人以及未满16周岁的未成年人，给予特困人员供养。

1. 特困人员供养的内容

（1）提供基本生活条件。

（2）对生活不能自理的给予照料。

（3）提供疾病治疗。

（4）办理丧葬事宜。

2. 如何申请特困人员供养？ 申请特困人员供养，由本人向户籍所在地的乡（镇）人民政府提出书面申请；本人申请有困难的，可以委托村民委员会代为提出申请。

3. 特困人员可以得到何种方式的供养？ 特困供养人员可以在当地的供养服务机构集中供养，也可以在家分散供养。特困供养人员可以自行选择供养形式。

三、受灾人员的医疗、教育救助

（一）受灾人员的救助

国家建立了自然灾害救助制度，对基本生活受到自然灾害严重影响的人员，提供生活救助。其具体措施包括：

（1）政府设立自然灾害救助物资储备库，保障自然灾害发生后救助物资的紧急供应。

（2）自然灾害发生后，政府或其相关机构应当根据情况紧急疏散、转移、安置受灾人员，及时为受灾人员提供必要的食品、饮用水、衣被、取暖、临时住所、医疗防疫等应急救助。

（3）灾情稳定后，受灾地区县级以上人民政府应当评估、核定并发布自然灾害损失情况。受灾地区人民政府应当在确保安全的前提下，对住房损毁严重的受灾人员进行过渡性安置。

（4）自然灾害危险消除后，政府民政等部门应当及时核实本地区居民住房恢复重建补助对象，并给予资金、物资等救助。自然灾害发生后，政府应当为因当年冬寒或者次年春荒遇到生活困难的受灾人员提供基本生活救助。

（二）医疗救助

医疗救助的对象包括最低生活保障家庭成员，特困供养人员，县级以上人民政府规定的其他特殊困难人员。

医疗救助采取下列方式：

（1）对救助对象参加城镇居民基本医疗保险或者新型农村合作医

疗的个人缴费部分，给予补贴。

（2）对救助对象经基本医疗保险、大病保险和其他补充医疗保险支付后，个人及其家庭难以承担的符合规定的基本医疗自负费用，给予补助。

（三）教育救助

国家对在义务教育阶段就学的最低生活保障家庭成员、特困供养人员，给予教育救助。对在高中教育（含中等职业教育）、普通高等教育阶段就学的最低生活保障家庭成员、特困供养人员，以及不能入学接受义务教育的残疾儿童，根据实际情况给予适当教育救助。

教育救助根据不同教育阶段的需求，采取减免相关费用、发放助学金、给予生活补助、安排勤工助学等方式实施，保障教育救助对象基本学习、生活需求。

单 元 小 结

《信访条例》的修订为农民上访维权提供了依据，也进行了规范，对于符合信访事项规定范围的，农民可以选择信访的方式维护自身的权益。但信访应遵守法律规定的方式，并应遵守相关责任和义务，对于违反法律规定的行为，信访条例也规定了应承担的法律责任。

日常生活中纠纷时有发生，人民调解既可化解民间矛盾，也可便利当事人。《中华人民共和国人民调解法》对调解的适用范围、调解组织和程序都作了明确的规定，对调解协议的内容和效力也作了明确的规定。

为了帮助困难民众，对符合条件的公民，可以获得法律咨询、代理、刑事辩护等无偿法律服务。这种法律援助制度有法律保障，符合条件的公民可以按规定提出申请，获得法律援助，以维护自己的权益。

政府对贫困人口给予必要的救助，以保障其基本生活，并帮助其中有劳动能力的人积极劳动脱贫致富。《社会救助暂行办法》中规定了农村最低生活保障制度和特困人员供养制度。地方政府为家庭人均纯收入低于当地最低生活保障标准的农村贫困群众，按最低生活保障标准提供维持其基本生活的物质帮助。对特困人员的供养，本单元重点介绍了供养的内容、申请程序和供养方式。

复习思考题

1. 走访方式需注意的事项有哪些?
2. 国家机关对哪些情况的上访不予处理?
3. 信访人有哪些责任和义务?
4. 违反走访规定的信访人应承担哪些法律责任?
5. 农村的调解组织是什么? 调解委员如何产生?
6. 什么是调解协议? 调解协议有什么效力?
7. 调解协议达成后能否申请法院给予确认?
8. 哪些事项可以申请法律援助?
9. 农村最低生活保障的对象是哪些?
10. 村民如何申请特困人员供养?
11. 国家对特困人员如何进行教育救助?

第九单元 如何打官司

学习任务1　打官司的种类与适用范围

任务描述

官司可以分为三种：民事官司、刑事官司和行政官司，不同的官司适用于不同的范围、解决不同的问题，也有不同的程序。

诉讼，用老百姓的俗话说就是“打官司”。它是指在国家司法机关的主持下，在当事人和其他诉讼参与人的参加下，依法解决争讼的全部活动。指导诉讼活动的法律称为诉讼法，因解决纠纷的内容不同，打不同种类的官司要分别依据民事诉讼法、刑事诉讼法和行政诉讼法来进行。

一、民事诉讼的适用范围

案例 9－1

村民甲借给村民乙1万元钱做生意，乙因经营亏本无力偿还，甲为此与乙发生矛盾。甲想打官司讨回自己的钱，甲要打的官司就属于民事诉讼的范围。

案例 9－2

村民丙进城打工，辛苦了一年老板却欠了他大半年的工资。有同乡为丙出主意，把老板绑起来索要；也有人告诉他，跑楼顶上做跳楼姿势就会引起社会关注，自然有人出面管这事。丙左思右想不知如何办最好。

评 析

上面两个案例中，村民甲和村民丙的诉求，都可以通过正常的法律渠道加以解决。所谓正常渠道，就是既有效又安全的方式。农民朋友应当切记维权的同时，还要保护自己不要逾越法律的限制，否则，可能使自己反成加害者或受害者。

法院依照《中华人民共和国民事诉讼法》（简称“民事诉讼法”），适用民诉程序审理的案件有以下几类：

（1）由民法调整的财产关系、与财产关系相联系的人身关系以及单纯人身关系所发生的案件。如财产所有权、债权、著作权、人格权、身份权等案件。

（2）由婚姻法调整的婚姻家庭关系所发生的案件。如离婚、赡养案件。

（3）因商事关系发生的纠纷案件。如票据、股东权益案件。

（4）因经济关系发生纠纷的案件。如各类合同案件等。

（5）因劳动关系发生纠纷的劳动争议案件。如开除、辞退案件等。

（6）其他应依民事诉讼法审理的案件。如选民资格案件、宣告失踪案件。

二、刑事诉讼的适用范围

案例 9-3

村里的小伙子甲进城打工，因盗窃被公安机关逮捕关押，其家人恨铁不成钢，万分着急，不知如何是好。那么摊上这种官司该怎么办？甲的家人除了着急还能做什么吗？

评 析

这种官司涉及认定行为人的行为是否构成犯罪、构成什么罪名以

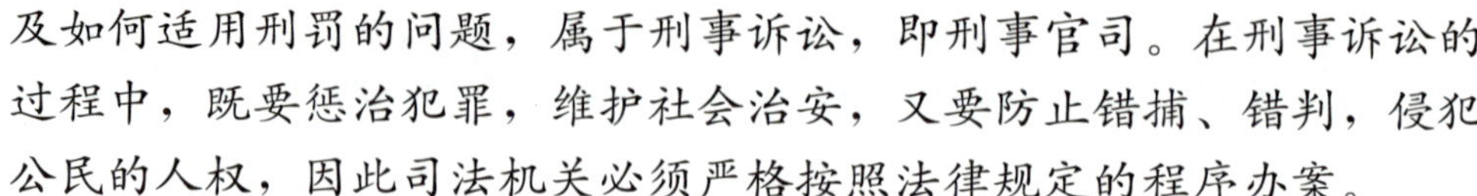
及如何适用刑罚的问题，属于刑事诉讼，即刑事官司。在刑事诉讼的过程中，既要惩治犯罪，维护社会治安，又要防止错捕、错判，侵犯公民的人权，因此司法机关必须严格按照法律规定的程序办案。

作为被告人，在刑事诉讼过程中为防止发生冤假错案，也规定了其享有相应的合法权益，如自行辩护、聘请律师为其辩护等，所以甲的家人可以为他聘请律师提供相关法律帮助。

三、行政诉讼的适用范围

案例 9－4

某县人民政府作出房屋征收决定，并作出征收补偿方案，具体规定了补偿标准，分为选择货币补偿的和产权调换两种方式。冯某的房屋在被征收范围内，因不服该县政府对自己房屋的征收决定，向当地法院提起行政诉讼。

法院审理认为，根据《国有土地上房屋征收与补偿条例》的相关规定，征收国有土地上单位、个人的房屋，应当对被征收房屋所有权人给予公平补偿。对被征收房屋价值的补偿，不得低于房屋征收决定公告之日被征收房屋类似房地产的市场价格。本案例中，优惠价格显然低于市场价格，对被征收房屋的补偿价格显然低于被征收人的出资购买价格。故法院判决撤销了县人民政府作出的决定。

评 析

《国有土地上房屋征收与补偿条例》规定，被征收人对征收决定和补偿决定不服，可以提起行政诉讼。征收补偿方案是征收决定的一部分，亦是作出补偿决定的依据。因此，法院在审查征收决定时，一并对征收补偿方案进行实质性审查，即审查征收补偿方案是否公平合理。

行政诉讼，是指公民、法人或者其他组织认为行政机关及其人员作出的具体行政行为侵犯自己的合法权益，向人民法院起诉，并由人民法院审理和裁决的诉讼活动。行政诉讼的被告必须是行政机关。行政诉讼的受案范围包括：

（1）对拘留、罚款、吊销许可证和执照、责令停产停业、没收等行政处罚不服的。

（2）对限制人身自由或者对财产的查封、扣押、冻结等行政强制措施不服的。

（3）认为行政机关侵犯法律规定的经营自主权的。

（4）认为符合法定条件申请行政机关颁发许可证和执照，行政机关拒绝颁发或者不予答复的。

（5）申请行政机关履行保护人身权、财产权的法定职责，行政机关拒绝履行或者不予答复的。

（6）认为行政机关没有依法发给抚恤金的。

（7）认为行政机关违法要求履行义务的。

（8）认为行政机关侵犯其人身权、财产权的。

除了以上八项以外，人民法院还受理法律、法规规定可以提起诉讼的其他行政案。

学习任务 2　民事诉讼中的起诉

任务描述

打官司是个复杂的程序和过程，往往需要法律专业人士来代理进行。作为公民个人，初步了解一下民事官司的起诉程序，对于维护个人权益是大有益处的。

人民法院对民事案件的审理实行不告不理的原则，即不管当事人之间的矛盾有多深、纠纷多重大，都需要当事人主动向人民法院起诉，人民法院不能主动地介入当事人的纠纷中予以调解或裁决。因此，起诉前首先要了解起诉要符合哪些条件，以免人民法院裁定不予受理。

一、打官司要找对门

案例 9－5

北京延庆有个王老汉因为土地承包纠纷找到北京第一中级人民法院起诉，法官就告诉他这个案子中院不能受理，应该到延庆区法院起诉。

评 析

打民事官司第一步先要确定向哪一个人民法院提起诉讼。本案例中，王老汉就没有找对门。

人民法院有四级，包括基层人民法院、中级人民法院、高级人民法院和最高人民法院。上下级人民法院受理第一审民事案件的分工是基层人民法院管辖第一审民事案件，但法律另有规定的除外。如重大涉外案件、在本辖区有重大影响的案件，均由中级人民法院管辖。除最高人民法院外，因地域不同，同一级的人民法院又包括许多个。不同地域的同级法院分工管辖案件的一般原则是原告就被告的原则，即被告在哪里，就到哪里的人民法院去告。法律规定，对公民提起的诉讼，由被告住所地人民法院管辖；被告住所地与经常居住地不一致，由经常居住地人民法院管辖。除上述一般的原则外，民事诉讼法还规定了特殊管辖或专属管辖。

二、打官司要找对人

所谓找对人，一方面，原告必须是合格的原告；另一方面，对方必须是合格的被告。原告和被告都属于诉讼中的当事人，是主角。

首先，原告的条件如下：

(1) 原告须以自己的名义进行诉讼。如果以他人的名义参加诉讼，则是诉讼代理人的身份，而不是当事人。

（2）与本案有直接利害关系，也就是说为自己的民事权益而参加诉讼，法院保护的民事权益属于自己管理、支配。

其次，告状必须有明确的被告，具体要求如下：

（1）被告的基本情况要清楚，如公民的姓名、性别、年龄、民族、工作单位、住址等，法人或其他组织的名称、住所地，法定代表人或负责人的姓名、职务等要明确、具体。

（2）指控的对象要实际存在，已死亡的公民或已注销的法人不能作为当事人。

三、民事起诉状的写法

打官司首先得有诉状。过去衙门口前常有替打官司的人写状子的先生，写诉状在老百姓眼里是个难事。其实，只要了解了起诉状的内容和书写格式，自己就可以写起诉状。

［起诉状样式］

民 事 起 诉 状

原告：

被告：

案由：

诉讼请求：

事实与理由：

此致

××人民法院

附：1. 本诉状副本　　份。

2. 证据和证据来源、证人姓名和住址。

起诉人：

年　月　日

[起诉状撰写说明]

（1）当事人（原告/被告）的自然状况要准确、具体。自然人要列出姓名、性别、年龄、民族、工作单位、住址。法人或其他组织要列出名称、住所地、法定代表人或负责人姓名、职务。填写要准确，特别是姓名（名称）栏不能有任何错字。地址要尽量翔实，具体到门牌号，最好注明邮编及通信方式。

（2）在起诉状中要列明案由。案由通俗地说就是打的什么官司。比如，打的是离婚官司，案由就写离婚；因为讨债而打官司，案由就写借贷。

（3）诉讼请求部分，要写明请求法院解决什么问题，要具体明确。比如，请求离婚、履行合同、要求赔偿等。有几项诉讼请求的，要一一列出。比如，在一名誉权纠纷案件起诉状中，其诉讼请求为："一、要求被告停止对原告名誉权的侵害；二、要求被告赔偿原告名誉权损失人民币 1 000 元；三、要求被告在公开发行的报纸上向原告赔礼道歉，为原告消除影响，恢复名誉。"

（4）事实和理由。在事实部分，要明确写清双方纠纷的原因、经过、现状等。在理由部分，要针对事实，分清是非曲直，明确责任，并引用相关法律条文加以说明。

（5）要注明送致法院的名称，比如到河北迁西县人民法院起诉，应写明"致迁西县人民法院"。

（6）证据部分。证据方面有三项内容：列述提交的有关书证、物证以及其他能够证明事实真相的材料；说明书证、物证以及其他有关材料来源的可靠程度；证人的证言内容以及证人的姓名、住址。

（7）在起诉状的末尾，还要写清时间。自然人当事人要由本人签字，并加盖法人单位的公章。

学习任务 3　刑事诉讼中的辩护

任务描述

刑事诉讼中，法律强调犯罪嫌疑人、被告人在未经法律规定的程序判决有罪之前，被推定为无罪，享有辩护权及其他诉讼权利，可以委托律师或其他辩护人参与刑事诉讼程序，通过充分行使辩护权，与追诉机关进行平等对抗，以维护其合法权益。辩护制度对于维护被告人的合法权益、健全国家刑事诉讼制度、查明案件事实真相、提高诉讼效率等都起到了一定的积极作用。

案例 9－6

1996 年 4 月 9 日，内蒙古自治区呼和浩特市毛纺厂年仅 18 岁的职工呼格吉勒图被认定为一起奸杀案凶手。案发 61 天后，法院判决呼格吉勒图死刑，并立即执行。2005 年，被媒体称为“杀人恶魔”的内蒙古系列强奸杀人案凶手赵志红落网。其交代的第一起杀人案就是“4·9”毛纺厂女厕女尸案，从而引发媒体和社会的广泛关注：当年的呼格是不是被冤枉了？

2014 年 11 月 20 日，呼格吉勒图案进入再审程序，内蒙古自治区高级人民法院再审后作出判决，宣告原审被告人呼格吉勒图无罪，之后启动追责程序和国家赔偿。

2014 年 12 月 30 日，内蒙古高院依法作出国家赔偿决定，决定支付李三仁、尚爱云国家赔偿金共计 2 059 621.40 元。

评 析

刑事诉讼是国家追究被告人犯罪行为刑事责任的活动，为保证案件得以公正审理，既不施纵犯罪，也不冤枉无辜，法律制度上就需要保障被告人的辩护权。如果剥夺了被告人的辩护权，就会损害国家法律的公正性，容易出现冤假错案。

一、辩护权

犯罪嫌疑人、被告人的辩护权一般包含：①陈述权。当对被告人进行讯问时，给予其陈述和辩解的机会。②诘问权。刑事被告人享有在庭审时可以对证人、鉴定人发问的权利。③调查证据申请权。刑事被告人可以申请法院调取证据并申请法院传唤证人、鉴定人，还有权请求与其他被告对质。④辩论权。刑事被告人享有就事实和法律进行辩论，就证据的证明力和程序问题进行辩论的权利。⑤选任辩护人权。犯罪嫌疑人、被告人有权选任辩护人为自己提供法律帮助，进行辩护。⑥救济权。刑事被告人不服法院的判决或裁定，有权获得救济。⑦回避申请权。为了避免有回避原因的司法人员不回避而影响案件的公正处理，而赋予被告人回避申请权，以资补救。

二、辩护的方式

刑事辩护一般分为自行辩护、委托辩护和指定辩护。

自行辩护是指犯罪嫌疑人、被告人自己为自己进行的辩护。无论是在案件的侦查阶段还是在法院审判阶段，被告人都可以为自己辩护。

委托辩护是指犯罪嫌疑人或者被告人为维护其合法权益，依法委托律师或者其他公民协助进行辩护。委托辩护人往往更具法律专业知识，辩护更有利，因此成为最主要的一种辩护方式。

指定辩护是指遇有法律规定的特定情况的，法院为没有委托辩护人的被告人指定辩护律师为其辩护。

三、辩护人的范围

辩护人是指在刑事诉讼中受犯罪嫌疑人、被告人委托或法院指定，帮助犯罪嫌疑人、被告人行使辩护权，依法维护犯罪嫌疑人、被告人合法权益的人。在我国，辩护人的范围较广泛，律师，人民团体或者犯罪嫌疑人、被告人所在单位推荐的人，犯罪嫌疑人、被告人的监护人、亲友都可以被委托为辩护人，但是正在被执行刑罚依法被剥夺、限制人身自由的人除外。

四、辩护人的责任

辩护人应该承担根据事实和法律提出证明犯罪嫌疑人、被告人无罪、罪轻或者减轻、免除其刑事责任的材料和意见，维护犯罪嫌疑人、被告人合法权益的责任。

五、辩护人的诉讼权利和义务

为保证辩护人能充分执行辩护职能，履行辩护职责，法律赋予辩护人一系列诉讼权利，主要包括独立辩护权、阅卷权、会见通信权、调查取证权、司法文书获取权、获得通知权、质询权、辩论权、控告权、拒绝权及其他权利。

辩护人在享有上诉诉讼权利的同时需要承担下列诉讼义务：恪守职责，维护当事人合法权益的义务；保密义务；正当执业的义务；遵守法庭规则的义务；律师的法律援助等义务。

学习任务4　行政诉讼中的举证

任务描述

打官司离不开证据，在民告官的行政诉讼中，承担举证责任的法律规定有其特殊要求，了解行政诉讼中应该由谁承担举证责任，更有利于维护公民的诉讼权利。

案例9-7

李某因殴打他人受到县公安局罚款100元的行政处罚，并被裁决赔偿受害人医疗费1 000元。李某在接到县公安局送达的行政处罚裁决后，既未申请复议，也不履行裁决义务。后来，县公安局又以李某拒不执行处罚裁决为由对其作出行政拘留15天的治安处罚。李某未交保证金，亦未提供担保人，县公安局对李某执行拘留。李某的拘留结束后，一纸诉状将县公安局告上行政法庭，认为县公安局对自己的处罚过重，侵犯了自己的权益。那么县公安局对李某的处罚到底合不合法呢？在法院审理此案过程中，应该由谁来承担举证责任呢？

评 析

在这一行政诉讼案件中，被告方县公安局应对自己作出的行政处罚决定的正确性承担举证责任。

一、被告的举证责任

在行政诉讼中，被告对其作出的具体行政行为承担举证责任。被告应当在收到起诉状副本之日起10日内提交答辩状，并提供作出具体行政行为时的证据、依据；被告不提供或者无正当理由逾期提供的，应当认定该具体行政行为没有证据、依据。

有下列两种情形之一的，被告经人民法院准许可以补充相关的证据：一是被告在作出具体行政行为时已经搜集证据，但因不可抗力等正当事由不能提供的；二是原告或者第三人在诉讼过程中，提出了其在被告实施行政行为过程中没有提出的反驳理由或者证据的。

二、原告的举证责任

公民、法人或其他组织向人民法院起诉时，对下列事项承担举证责任：

（1）证明起诉符合法定条件，但被告认为原告起诉超过起诉期限的除外。

（2）在起诉被告不作为的案件中，证明其提出申请的事实。

（3）在一并提起的行政赔偿诉讼中，证明因受被诉行为侵害而造成损失的事实。

（4）其他应当由原告承担举证责任的事项。

三、人民法院有权调取证据的情形

下列两种情形下，人民法院有权调取证据：一是原告或者第三人及其诉讼代理人提供了证据线索，但无法自行收集而申请人民法院调取的；二是当事人应当提供而无法提供原件或者原物的。

四、证据的排除

下列两种证据不能作为认定被诉具体行政行为合法的根据：一是被告及其诉讼代理人在作出具体行政行为后自行收集的证据；二是被告严重违反法定程序收集的其他证据。

另外，未经法庭质证的证据都不得作为裁判的依据；复议机关在复议过程中收集和补充的证据，不能作为人民法院维持原具体行政行为的根据；被告在二审过程中向法庭提交在一审过程中没有提交的证据，不能作为二审法院撤销或者变更一审裁判的根据。

单 元 小 结

本单元主要讲述诉讼法的知识。诉讼分为三种，即民事诉讼、刑事诉讼和行政诉讼，三种诉讼各有自己的受理案件范围。在民事诉讼中需重点掌握起诉的相关知识，在刑事诉讼中需重点掌握辩护制度，在行政诉讼中需重点掌握举证责任的法律规定。

复习思考题

1. 民事诉讼如何选择受理案件的法院？
2. 民事诉讼中原告和被告须符合什么条件？
3. 辩护的方式分几种？辩护人的范围包括哪些？
4. 行政诉讼中原告和被告如何承担举证责任？

下篇

农村法规

第十单元 农民专业合作社

学习任务1 农民专业合作社的业务范围和基本原则

任务描述

农民专业合作社，顾名思义是专门针对农民需要的一种组织，那么这种农民组织有何特点？它的业务范围有哪些？应当遵循什么样的原则？这是农民需要了解的一些基本知识。

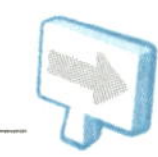

案例 10-1

村民张大毛给一家报社写信，内容如下：我家住的村子叫青石台，我想办个创新蔬菜养殖农业合作社，但我对农民专业合作社了解不多，不知如何着手，合作社都能做些啥，应当遵守哪些规定，所以请求帮助。

评 析

为了支持、引导农民专业合作社的发展、保护农民专业合作社和入社成员的合法权益，国家已经制定了《中华人民共和国农民专业合作社法》（简称“农民专业合作社法”）。在这部法律中，对农民专业合作社的概念、业务范围、特点及原则等作了明确的规定。

一、农民专业合作社的业务范围

农民专业合作社是在农村家庭承包经营基础上，同类农产品的生产经营者或者同类农业生产经营服务的提供者、利用者，自愿联合、民主管理的互助性经济组织。

与公司、合伙企业等组织形式不同，农民专业合作社的内部组织结构比较简单，其经营是以其成员为主要服务对象，提供农业生产资料购买，农产品销售、加工、运输、贮藏以及与农业生产经营有关的技术、信息等服务。

农民专业合作社为农业增产、农民增收做出了积极贡献。农民专业合作社的益处是将村民从“单打独斗”的种植模式转变为“抱团闯市场”，使“指头”变成拳头，在市场上更具竞争力。

二、农民专业合作社的基本原则

（一）成员以农民为主体

根据农民专业合作社法规定，具有民事行为能力的公民，以及从事与农民专业合作社业务直接有关的生产经营活动的企业、事业单位或者社会团体，能够利用农民专业合作社提供的服务，承认并遵守农民专业合作社章程，履行章程规定的入社手续的，可以成为农民专业合作社的成员，即农民、企事业单位和社会团体都可以成为合作社的成员。适当吸收从事与合作社业务直接有关的生产经营的企事业单位或者社会团体参加合作社，对合作社开拓市场、提高市场竞争力等具有重要作用。但是，在允许非农民参加合作社的同时，应当保证农民成员的主体地位，防止合作社被少数人操纵和利用。农民专业合作社法规定，农民专业合作社的成员中，农民至少应当占成员总数的80％，并对合作社中企业、事业单位、社会团体成员的数量进行了限制。

（二）以服务成员为宗旨，谋求全体成员的共同利益

农民专业合作社是以成员自我服务为目的而成立的。参加农民专业合作社的成员，都是从事同类农产品生产、经营或提供同类服务的农业生产经营者，目的是通过合作互助提高规模效益，完成单个农民办不了、办不好、办了不合算的事。这种互助性特点，决定了它以成员为主要服务对象，决定了“对成员服务不以盈利为目的、谋求全体成员共同利益”的经营原则。

（三）入社自愿、退社自由

农民专业合作社是互助性经济组织，农民可以自愿加入一个或者多个农民专业合作社，入社不改变家庭承包经营；农民也可以自由退出农民专业合作社，退出时，农民专业合作社应当按照章程规定的方式和期限，退还记载在该成员账户内的出资额和公积金份额，并将成员资格终止前的可分配盈余依法返还给成员。

但是，农民专业合作社法在坚持“入社自愿、退社自由”的成员资格开放原则的同时，也做出相应的限制性规定。一方面，从成员资格方面加以限制。规定成员必须具有行为能力，企事业单位和社会团体成员必须从事与农民专业合作社的业务有关的生产经营活动，而且数量不得超过法定比例。另一方面，规定了成员退社的条件和程序。农民专业合作社成员要求退社的，应当在财务年度终了的 3 个月前向理事长或者理事会提出，其中，企业、事业单位或者社会团体成员退社，应当在财务年度终了的 6 个月前提出；章程另有规定的，从其规定。退社成员的成员资格自财务年度终了时终止。农民专业合作社宣布解散，或者人民法院受理破产申请时，不能办理成员退社手续。

（四）成员地位平等，实行民主管理

农民专业合作社法从农民专业合作社的组织机构和保证农民成员对本社的民主管理两个方面作了规定：农民专业合作社成员大会是本

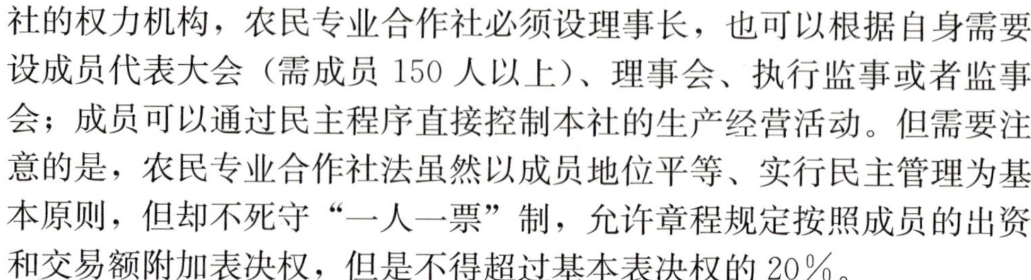
社的权力机构，农民专业合作社必须设理事长，也可以根据自身需要设成员代表大会（需成员 150 人以上）、理事会、执行监事或者监事会；成员可以通过民主程序直接控制本社的生产经营活动。但需要注意的是，农民专业合作社法虽然以成员地位平等、实行民主管理为基本原则，但却不死守“一人一票”制，允许章程规定按照成员的出资和交易额附加表决权，但是不得超过基本表决权的 20%。

（五）盈余主要按照成员与农民专业合作社的交易量（额）比例返还

盈余分配方式的不同是农民专业合作社与其他经济组织的重要区别。为了体现盈余主要按照成员与农民专业合作社的交易量（额）比例返还的基本原则，保护一般成员和出资较多成员的积极性，可分配盈余中按成员与本社的交易量（额）比例返还的总额不得低于可分配盈余的 60%，其余部分可以依法以分红的方式按成员在合作社财产中相应的比例分配给成员。

学习任务 2　农民专业合作社的设立、登记、解散和清算

任务描述

因为农民专业合作社具有法人资格，所以对其设立、变更和注销的过程就需要依法办理登记手续。本节主要应掌握农民专业合作社的法人地位和设立条件、农民专业合作社如何办理登记以及农民专业合作社的解散和清算程序。

案例 10－2

王田村的大学生小王毕业了，准备回乡投身农业，不当白领做新型农民。小王打算养鹅，并成立个农民专业合作社，打通全产业链。现在他迫切地希望了解合作社的成立需要具备哪些条件，办理什么样的法律手续。

评 析

农民专业合作社的设立条件法律有明确规定，设立、变更和注销农民专业合作社，应当按规定办理登记。

案例 10－3

某地5位农民打算设立板栗农民专业合作社，其中农民甲出资100元，农民乙出资100元，农民丙出资100元，农民丁出资400元，农民戊出资500元，加起来5位农民共出资1 200元。他们担心出资额太少了，不知道是否达到最低限额的要求。

评 析

农民专业合作社的设立需要具备相应的条件，在成员人数上有5名以上的要求，但是对出资额没有限制。

一、农民专业合作社的法人地位

农民专业合作社作为市场主体，具有独立的法律地位，是其对外开展经营活动的前提，也是其合法权益得以保护的基础。因此法律规定，农民专业合作社具有法人资格，也就是说它可以独立地进行民事活动，独立地承担责任。入社的农民不用担心一旦入社而又经营亏损，是不是自己多年辛辛苦苦积累的家底都要赔进去了，合作社的财产与个人财产是分开的、各自独立的。

二、农民专业合作社的设立条件

农民专业合作社要成为法人，必须具备如下条件：

（1）农民专业合作社应当有5名以上的成员，其中农民至少应当占成员总数的80%。成员总数20人以下的，可以有1个企业、事业单位或者社会团体成员；成员总数超过20人的，企业、事业单位和社会团体成员不得超过成员总数的5%。

（2）有符合规定的章程。

（3）有符合规定的组织机构。

（4）有符合规定的名称和章程确定的住所。农民专业合作社的名称应当含有“专业合作社”字样，并符合国家有关企业名称登记管理的规定。农民专业合作社的住所是其主要办事机构所在地。

（5）有符合章程规定的成员出资。农民专业合作社成员可以用货币出资，也可以用实物、知识产权等能够用货币估价并可以依法转让的非货币财产作价出资。成员以非货币财产出资的，由全体成员评估作价。成员不得以劳务、信用、自然人姓名、商誉、特许经营权或者设定担保的财产等作价出资。成员的出资额以及出资总额应当以人民币表示，成员出资额之和为成员出资总额。

三、农民专业合作社的登记

农民专业合作社经登记机关依法登记，领取农民专业合作社法人营业执照，取得法人资格。未经依法登记，不得以农民专业合作社名义从事经营活动。

农民专业合作社只要具备法律法规规定的设立条件，均可依法向住所地工商部门申请登记，取得法人资格。农民专业合作社注册登记并取得法人资格后，即获得了法律认可的独立的民商事主体地位，从而具备法人的权利能力和行为能力，可以在日常运行中依法以自己的名义登记财产（如申请自己的字号、商标或者专利）、从事经济活动（与其他市场主体订立合同）、参加诉讼和仲裁活动，并且可以依法享受国家对合作社的财政、金融和税收等方面的扶持政策。农民专业合作社的登记事项包括名称、住所、成员出资总额、业务范围、法定代表人姓名。

（一）设立登记

设立农民专业合作社，应当向工商行政管理部门提交下列文件：

（1）登记申请书。

（2）全体设立人签名、盖章的设立大会纪要。

（3）全体设立人签名、盖章的章程。

（4）法定代表人、理事的任职文件及身份证明。

（5）出资成员签名、盖章的出资清单。

（6）成员名册及成员身份证明。

（7）住所使用证明。

（8）指定代表或委托代理人的证明。

如果业务范围在登记前须经批准，还应当提交批准文件。

（二）变更登记和注销登记

（1）变更登记。已经登记的事项如果发生变更，应及时到原登记机关申请变更登记。

（2）注销登记。办理注销登记的情形包括：①农民专业合作社的业务范围须经批准，但因特定事由许可证或批准文件被吊销、撤销的或有效期届满的；②经清算组清算结束的；③因合并、分立而解散的。

四、农民专业合作社的解散和清算

（一）农民专业合作社的解散

农民专业合作社解散是指合作社因发生法律规定的解散事由而停止业务活动，最终使法人资格消灭的法律行为。合作社有下列情形之一的，应当解散：

1. 章程规定的解散事由出现 一般来说，解散事由是合作社章程的必要记载事项，合作社的设立大会在制定合作社章程时，可以预先约定合作社的各种解散事由，如合作社的存续期间、完成特定业务

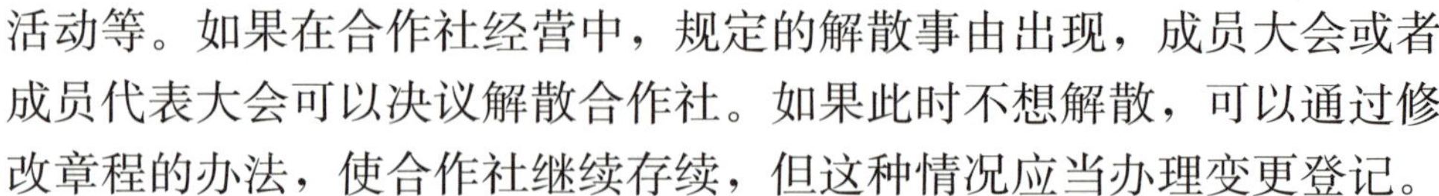

活动等。如果在合作社经营中，规定的解散事由出现，成员大会或者成员代表大会可以决议解散合作社。如果此时不想解散，可以通过修改章程的办法，使合作社继续存续，但这种情况应当办理变更登记。

2. 成员大会决议解散 成员大会是合作社的权力机构，依法有权对合作社的解散事项作出决议。农民专业合作社召开成员大会，作出解散的决议应当由本社成员表决权总数的2/3以上通过。章程对表决权数有较高规定的，从其规定。成员大会决议解散合作社，不受合作社章程规定的解散事由的约束，可以在合作社章程规定的解散事由出现前，根据成员的意愿决议解散合作社。

3. 因合并或者分立需要解散 当合作社吸收合并时，吸收方存续，被吸收方解散；当合作社新设合并时，合并各方均解散。当合作社分立时，如果原合作社存续，则不存在解散问题；如果原合作社分立后不再存在，则原合作社应解散。合作社的合并、分立应由成员大会作出决议。

4. 依法被吊销营业执照或者被撤销 依法被吊销营业执照是指依法剥夺被处罚合作社已经取得的营业执照，使其丧失合作社经营资格。被撤销是指由行政机关依法撤销农民专业合作社登记。农民专业合作社向登记机关提供虚假登记材料或者采取其他欺诈手段取得登记的，由登记机关责令改正；情节严重的，撤销登记。当合作社违反法律、行政法规被吊销营业执照或者被撤销的，应当解散。

（二）农民专业合作社解散后的清算

清算，指农民专业合作社解散后，依照法定程序清理合作社债权债务，处理合作社剩余财产，使合作社归于消灭的法律行为。清算的目的是为了保护合作社成员和债权人的利益，除合作社合并、分立两种情形外，合作社解散后都应当依法进行清算。

1. 清算组的成立 因章程规定的解散事由出现、成员大会决议解散或者依法被吊销营业执照、被撤销等原因解散的，应当在解散事由出现之日起15日内由成员大会推举成员组成清算组，开始解散清算。逾期不能组成清算组的，成员、债权人可以向人民法院申请指定成员组成清算组进行清算，人民法院应当受理该申请，并及时指定成员组成清算组进行清算。

2. 清算组的职权 清算组是指在合作社清算期间负责清算事务执行的法定机构。合作社一旦进入清算程序，理事会、理事、经理即应停止执行职务，而由清算组行使管理合作社业务和财产的职权，对内执行清算业务，对外代表合作社。清算组自成立之日起接管农民专业合作社，负责处理与清算有关的未了结业务，清理财产和债权、债务，分配清偿债务后的剩余财产，代表农民专业合作社参与诉讼、仲裁或者其他法律程序，并在清算结束时办理注销登记。清算组成员应当忠于职守，依法履行清算义务，因故意或者重大过失给农民专业合作社成员及债权人造成损失的，应当承担赔偿责任。

3. 清算的程序

第一步，通知、公告合作社成员和债权人。合作社在解散清算时，由清算组通知本社成员和债权人有关情况，通知公告债权人在法定期间内申报自己的债权。为了顺利完成债权登记、债务清偿和财产分配，避免和减少纠纷，清算组应当自成立之日起 10 日内通知本社成员和明确知道的债权人；而对于不明确的债权人或者不知道具体地址和其他联系方式的，由于难以通知其申报债权，清算组应自成立之日起 60 日内在报纸上公告，催促债权人申报债权。但如果在规定的期间内全部成员、债权人均已收到通知，则免除清算组的公告义务。债权人应在规定的期间内向清算组申报债权。债权人申报债权时，应明确提出其债权内容、数额，债权成立的时间、地点，有无担保等事项，并提供相关证明材料，清算组对债权人提出的债权申报应当逐一查实，并做出准确翔实的登记。

这里需要说明的是，在债权申报期间内，清算组不能对债权人进行清偿，如果清算组在此期间对已经明确的债权人进行清偿，有可能造成后申报债权的债权人不能得到清偿，这是对其他债权人权利的严

重侵害。

第二步，制订清算方案。清算组在清理合作社财产、编制资产负债表和财产清单后，应尽快制订包括清偿农民专业合作社员工的工资及社会保险费用，清偿所欠税款和其他各项债务，以及分配剩余财产在内的清算方案。清算组制订出清算方案后，应报成员大会通过或者人民法院确认。

第三步，实施清算方案。清算方案经农民专业合作社成员大会通过或者人民法院确认后实施。清算方案的实施必须在支付清算费用、清偿员工工资及社会保险费用，清偿所欠税款和其他各项债务后，再按财产分配的规定向成员分配剩余财产。如果发现合作社财产不足以清偿债务的，清算组应当停止清算工作，依法向人民法院申请破产。

第四步，清算结束办理注销登记。办理完合作社的注销登记，清算组的职权终止，清算组即行解散，不得再以合作社清算组的名义进行活动。

另外需注意，农民专业合作社接受国家财政直接补助形成的财产，在解散、破产清算时，不得作为可分配剩余资产分配给成员；破产财产在清偿破产费用和公益债务后，应当优先清偿破产前与农民成员已发生交易但尚未结清的款项。

学习任务3　农民专业合作社的治理

任务描述

农民专业合作社作为一个经济组织，在开展经济活动时应如何运作？它的成员享有哪些权利，承担什么样的义务？合作社的组织机构怎样组成？章程应规定哪些内容？有什么样的效力？这些问题是实现农民专业合作社有效治理的关键，处理这些问题同样要有法可依、有章可循。

案例 10－4

村民齐老汉非常羡慕别人加入的合作社，看到合作社免费给成员提供种羊，一年下来增收 4 万多元，他也申请加入另一家合作社。但是他认为自己运气不好，别人的合作社搞得红红火火，而自己入的这个却经营惨淡，一年下来没增加多少收入。更主要的是自己看不惯合作社的一些做法，提了几次意见也没被采纳，有些心灰意冷。他想退出来，但不知行不行，如何办理退社手续。

评 析

齐老汉的苦恼实际上涉及合作社成员的权利与义务问题，农民专业合作社法对成员的权利、义务以及退社等事项有明确的规定。

案例 10－5

本单元学习任务二中所述的板栗农民专业合作社，农民甲出资 100 元，农民乙出资 100 元，农民丙出资 100 元，农民丁出资 400 元，农民戊出资 500 元，另有某农产品加工公司 A 加入出资 3 万元。根据合作社成立时订立的章程规定，合作社中出资额较多的成员没有附加表决权，合作社盈余完全按照成员与合作社的交易额比例进行返还。合作社某一天召开成员大会，6 人全部参加。在表决一项一般性的决议时，甲弃权，乙、丙、丁、戊赞成，A 公司反对。那么，这项决议是否能得以通过呢？

评 析

此次表决能获得通过。因为农民专业合作社成员大会的选举和表决，实行一人一票制，成员各享有一票的基本表决权，表决权总数是 6 票。成员大会选举或者作出决议，应当由本社成员表决权总数过半数通过。本案中 6 位合作社成员虽然出资额不相同，但各享有一票的表决权。甲弃权，其余 5 位成员中有 4 人赞成，已超过成

员表决权总数的半数（3 票），因此此次决议有效，获得通过。

一、农民专业合作社成员的权利和义务

（一）成员的权利

（1）参加成员大会，并享有表决权、选举权和被选举权，按照章程规定对本社实行民主管理。

（2）利用本社提供的服务和生产经营设施。

（3）按照章程规定或者成员大会决议分享盈余。

（4）查阅本社的章程、成员名册、成员大会或成员代表大会记录、理事会会议决议、监事会会议决议、财务会计报告和会计账簿。

（5）章程规定的其他权利。

（二）成员的基本表决权和附加表决权

成员大会的选举和表决，实行一人一票制，每一个成员不论是农民成员还是法人成员，均享有一票的基本表决权。

附加表决权，是指出资额或者与本社交易量较大的成员，可以享有的超出基本表决权的表决权。但是是否享有附加表决权，要看全体成员共同制定的章程中对此是否加以规定。如果规定此权利，不得超过基本表决权总票数的 20%。章程还可以限制附加表决权行使的范围。

（三）成员的义务

（1）执行成员大会、成员代表大会和理事会的决议。

（2）按照章程规定向本社出资。

（3）按照章程规定与本社进行交易。

（4）按照章程规定承担亏损。

（5）章程规定的其他义务。

二、农民专业合作社的组织机构

（一）法定组织机构

1. 成员大会 农民专业合作社的成员大会由农民专业合作社的全体成员组成，成员大会是农民专业合作社的权力机构，负责就合作社的重大事项作出决议，集体行使权力。成员大会以会议的形式行使权力，而不采取常设机构或者日常办公的方式。成员参加成员大会是法律赋予所有成员的权利，也是合作社“成员地位平等，实行民主管理”原则的体现，所有成员都可以通过成员大会参与合作社事务的决策和管理。成员大会行使下列职权：

（1）修改章程。合作社章程的修改，需要由本社成员表决权总数的 2/3 以上成员通过。

（2）选举和罢免理事长、理事、执行监事或者监事会成员。理事会（理事长）、监事会（执行监事）分别是合作社的执行机关和监督机关，其任免权应当由成员大会行使。

（3）决定重大财产处置、对外投资、对外担保和生产经营中的其他重大事项。上述重大事项是否可行、是否符合合作社和大多数成员的利益，应由成员大会来作出决定。

（4）批准年度业务报告、盈余分配方案、亏损处理方案。年度业务报告是对合作社年度生产经营情况进行的总结，对年度业务报告的审批结果体现了对理事会（理事长）、监事会（执行监事）一年工作的评价。盈余分配和亏损处理方案关系到所有成员获得的收益和承担的责任，成员大会有权审批，成员大会认为方案符合要求的予以批准，反之则不予批准，可以责成理事长或者理事会重新拟定有关方案。

（5）对合并、分立、解散、清算作出决议。合作社的合并、分立、解散关系合作社的存续状态，与每个成员的切身利益相关。因此，这些决议至少应当由本社成员表决权总数的 2/3 以上通过。

（6）决定聘用经营管理人员和专业技术人员的数量、资格和任

期。农民专业合作社是由全体成员共同管理的组织，成员大会有权决定合作社聘用管理人员和技术人员的相关事项。

（7）听取理事长或者理事会关于成员变动情况的报告。成员变动情况关系到合作社的规模、资产和成员获得收益与分担亏损等诸多因素，成员大会有必要及时了解成员增加或者减少的变动情况。

（8）章程规定的其他职权。除上述七项职权，章程对成员大会的职权还可以结合本社的实际情况作其他规定。

2. 理事长 农民专业合作社作为法人进行工商登记后从事生产经营活动，必须从设立起就明确合作社的法定代表人。因此农民专业合作社法规定，理事长为本社的法定代表人。合作社设理事长是农民专业合作社法明确规定的，不管合作社的规模大小、成员多少，也不管合作社有无理事会，都要设理事长。

（二）任意组织机构

1. 成员代表大会 农民专业合作社存在发展规模、成员分布地域等不同情况，要求所有成员在统一的时间内集中在一起召开成员大会往往难以实现。为了保证合作社成员能够依法有效行使民主管理的权力，降低召开成员大会的成本，提高议事效率，农民专业合作社法规定：成员超过150人的农民专业合作社可以设立成员代表大会。成员总数达到这一规模的合作社可以根据自身发展的实际情况决定是否设立成员代表大会，需要设立成员代表大会的合作社应当在章程中载明相关事项并按照章程的规定设立成员代表大会。

2. 理事会 农民专业合作社法规定，农民专业合作社都要设理事长，理事会可以设立，也可以不设立。

合作社规模较小，成员人数很少，没有必要设立理事会的，由一个成员信任的人作为理事长来负责合作社的经营管理工作就可以了，这样有利于精简机构，提高效率。关于合作社是否设立理事会及理事的人数等事项，农民专业合作社法并未作强制性规定，而由合作社章程规定。理事长、理事会由成员大会从本社成员中选举产生，对成员大会负责，其产生办法、职权、任期、议事规则由章程规定。

3. 监事会或执行监事 执行监事或者监事会是农民专业合作社的监督机关，对合作社的财务和业务执行情况进行监督。执行监事是指仅由一人组成的监督机关，监事会是指由多人组成的团体担任的监督机关。

农民专业合作社可以设执行监事或者监事会。农民专业合作社的监督是由全体成员进行的监督，强调的是成员的直接监督。由此，农民专业合作社法规定，执行监事或者监事会不是农民专业合作社的必设机构。如果成员大会认为需要提高效率，可以根据实际情况选择设执行监事或者监事会。是否设执行监事或监事会由合作社在章程中规定。一般来讲，合作社设执行监事的，不再设监事会。

4. 经理 农民专业合作社法规定，农民专业合作社的理事长或者理事会可以按照成员大会的决定聘任经理。经理应当按照章程规定和理事长或者理事会授权，负责农民专业合作社的具体生产经营活动。因此，经理是合作社的雇员，在理事会（理事长）的领导下工作，对理事会（理事长）负责。经理由理事会（理事长）决定聘任，也由其决定解聘。

农民专业合作社的理事长或者理事可以兼任经理。理事长或者理事兼任经理的，也应当按照章程规定和理事长或者理事会授权履行经理的职责，负责农民专业合作社的具体生产经营活动。

总之，经理不是农民专业合作社的法定机构，合作社可以聘任经理，也可以不聘任经理；经理可以由本社成员担任，也可以从外面聘请。是否需要聘任经理，由合作社根据自身的经营规模和具体情况而定。聘任经理或者由理事长、理事兼任经理的，由经理按照章程规定和理事长或者理事会授权，负责农民专业合作社的具体生产经营活动；否则，由理事长或者理事会直接管理农民专业合作社的具体生产经营活动。

三、农民专业合作社的章程

农民专业合作社的章程由全体设立人制定，所有加入该合作社的成员都必须承认并遵守。章程应当采用书面形式，全体设立人在章程上签名、盖章。农民专业合作社的章程是农民专业合作社自治特征的重要体现，因此，对于农民专业合作社的重要事项，都应当由成员协商后规定在章程之中。

修改章程要经成员大会作出修改章程的决议，并应当依照农民专业合作社法的规定，由本社成员表决权总数的 2/3 以上通过。章程也可以对修改章程的程序和表决权数作出更严格的规定，这也是为了保证章程的相对稳定。

农民专业合作社章程应当载明下列事项：

（1）名称和住所。

（2）业务范围。

（3）成员资格及入社、退社和除名。

（4）成员的权利和义务。

（5）组织机构及其产生办法、职权、任期、议事规则。

（6）成员的出资方式、出资额。

（7）财务管理和盈余分配、亏损处理。

（8）章程修改程序。

（9）解散事由和清算办法。

（10）公告事项及发布方式。

（11）需要规定的其他事项。

学习任务 4　农民专业合作社的财产制度

任务描述

农民合作社的财产制度与农民关心的利益直接紧密相关，对于维护农民利益非常重要。其主要内容包括：合作社及其成员的财产权利；成员账户制度；盈余分配制度和财务管理制度。

案例 10－6

前述板栗农民专业合作社，其中农民甲出资100元，农民乙出资100元，农民丙出资100元，农民丁出资400元，农民戊出资500元，某农产品加工公司A出资3万元。根据合作社章程规定：合作社盈余完全按照成员与合作社的交易额比例进行返还。合作社经营一年后，获得可分配盈余60万元，6位成员与合作社在一年中的交易额均相等。那么，合作社的盈余如何分配呢？

评 析

由于合作社盈余按成员与本社的交易额比例返还，同时，该社章程规定全额返还，因此，在合作社6位成员与合作社的交易额均相等情况下，合作社共有盈余60万元，则每位成员均可获得盈余10万元。

案例 10－7

承接上述案例，合作社经营两年后，成员甲要求退出合作社，此时在合作社的成员账户中甲成员的账户余额为30万元，合作社无其他债务。那么，甲退社时可收回多少出资？

评 析

农民专业合作社成员入社自愿、退社自由。成员资格终止的，农民专业合作社应当按照章程规定的方式和期限，退还记载在该成员账户内的出资额和公积金份额；对成员资格终止前的可分配盈余，依规定向其返还。本案例中成员甲账户中的余额为30万元，则应当退还甲资金30万元。

一、农民专业合作社的财产权利

（一）合作社的财产权利

农民专业合作社法规定，合作社对成员出资、公积金、国家财政

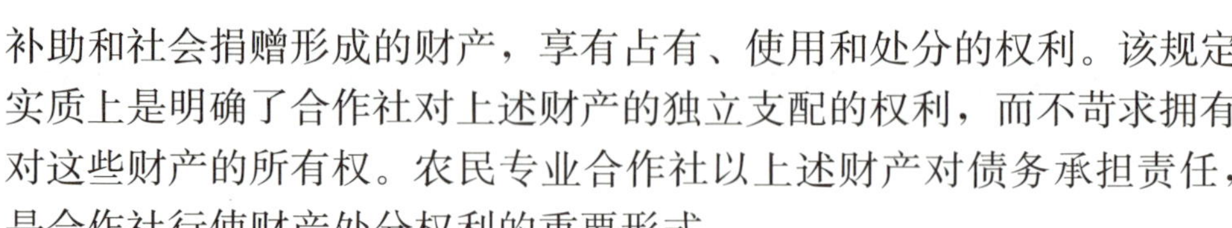

补助和社会捐赠形成的财产，享有占有、使用和处分的权利。该规定实质上是明确了合作社对上述财产的独立支配的权利，而不苛求拥有对这些财产的所有权。农民专业合作社以上述财产对债务承担责任，是合作社行使财产处分权利的重要形式。

（二）成员的财产权利

在农民专业合作社中，成员的财产权利表现在以下方面：

（1）成员向合作社的出资在本质上是将其个人拥有的财产授权于合作社支配，在合作社存续期间，其作为合作社成员与其他成员以共同控制的方式行使对所有成员出资的支配。

（2）合作社应当为每一个成员设立成员账户，用以记载成员出资、公积金份额和交易量（额），作为成员参加盈余分配的重要依据，同时也说明了成员对其出资和享有的公积金份额拥有终极所有权。农民专业合作社法规定，成员资格终止的，农民专业合作社应当按照章程规定的方式和期限，退还记载在该成员账户内的出资额和公积金份额；对成员资格终止前的可分配盈余，依照该法第三十七条第二款的规定向其返还。同时，明确规定资格终止的成员应当按照章程规定分摊资格终止前本社的亏损及债务。

二、农民专业合作社的成员账户制度

成员账户是指农民专业合作社在进行某些会计核算时，要为每位成员设立明细科目分别核算。根据农民专业合作社法的规定，成员账户主要包括三项内容：一是记录成员出资情况，二是记录成员与合作社交易情况，三是记录成员的公积金变化情况。这些单独记录的会计资料是确定成员参与合作社盈余分配、财产分配的重要依据。

三、农民专业合作社的盈余分配制度

合作社盈余的分配，主要应根据交易量（额）的比例进行返还，按交易量（额）比例返还的盈余不得低于可分配盈余的60%。比如农产品销售合作社，如果成员都不通过合作社销售农产品，合作社就收购不到农产品，也就无法运转。对于农业生产资料合作社，如果成员不通过合作社购买生产资料，合作社也就失去了存在的必要。因此，成员享受合作社服务的量（即与合作社的交易量）就是衡量成员对合作社贡献的最重要依据。成员与合作社的交易量也就是产生合作社盈余的最重要来源（当然，成员出资也扮演了重要角色）。

按交易量（额）的比例返还是盈余返还的主要方式，但不是唯一途径。根据农民专业合作社法的规定，合作社可以根据自身情况，按照成员账户中记载的出资和公积金份额，以及本社接受国家财政直接补助和他人捐赠形成的财产平均量化到成员的份额，按比例分配部分利润。

在现实中，一个合作社中成员出资不同的情况大量存在。在我国农村资金比较缺乏，合作社资金实力较弱的情况下，必须足够重视成员出资在合作社运作和获得盈余中的作用。适当按照出资进行盈余分配，可以使出资多的成员获得较多的盈余，从而实现鼓励成员出资、壮大合作社资金实力的目的。此外，成员账户中记载的公积金份额、本社接受国家财政直接补助和他人捐赠形成的财产平均量化到成员的份额，也都应当作为盈余分配时考虑的依据。这是因为，补助和捐赠的财产是以合作社为对象的，而由此产生的财产则应当归全体成员所有，并可以作为盈余分配考虑的依据。

四、农民专业合作社的财务管理制度

农民专业合作社的财务制度合理健全与否直接关系到合作社能否健康有序运行，同时关系到成员的切身利益。农民专业合作社法主要从以下五个方面进行了规定：

（1）农民专业合作社应当按照国务院财政部门制定的财务会计制度进行会计核算。

(2) 农民专业合作社实行财务公开制度，理事长或者理事会应当按照章程规定，组织编制年度业务报告、盈余分配方案、亏损处理方案以及财务会计报告，以供成员查阅。

(3) 实施成员账户制度，为每一个合作社的成员建立账户，明确记载该成员的出资、公积金以及与其所在合作社的交易量（额），以保护每一个成员的财产权。

(4) 对于农民专业合作社与其成员和非成员之间的交易实行分别核算制度。这一方面体现了农民专业合作社区别于其他经济组织的本质特征，另一方面也保证了国家扶持政策的有效落实。

(5) 合作社应当设立不可分割的公共积累，以满足合作社发展的资金需求。同时对农民专业合作社的公积金制度也做了比较灵活的处理：一是是否提取公积金由合作社自己决定，即不设置法定公积金制度；二是提取的公积金应当量化到每一个成员，记载在成员账户中，并作为成员参与盈余分配的依据，以保护成员的财产权利；三是成员退社时，可以按照成员账户中的记载，带走其出资和相应的公积金。

单 元 小 结

农民专业合作社是在农村家庭承包经营基础上，同类农产品的生产经营者或者同类农业生产经营服务的提供者、利用者，自愿联合、民主管理的互助性经济组织。其原则是成员以农民为主体；以服务成员为宗旨，谋求全体成员的共同利益；入社自愿、退社自由；成员地位平等，实行民主管理；盈余主要按照成员与农民专业合作社的交易量（额）比例返还。

农民专业合作社的设立、登记、解散和清算必须依法进行。合作社治理结构的核心就是成员自我治理，其特点主要表现在以下几个方面：一是保护农民主体地位的成员结构；二是一人一票为主的民主决策机制；三是法人机关设置灵活。

农民专业合作社的法定组织机构包括成员大会和理事长。农民专业合作社章程是农民专业合作社在法律法规和国家政策规定的框架内，由本社的全体成员根据本社的特点和发展目标制定的，并由全体成员共同遵守的行为准则。农民专业合作社的具体治理制度实行“一人一票制”与“附加表决权”相结合的表决权制度，法人组织机构灵活设置。

合作社对成员出资、公积金、国家财政补助和社会捐赠形成的财产，享有占有、使用和处分的权利。成员依法享有其财产权利，合作社在进行某些会计核算时，通过成员账户制度，要为每位成员设立明细科目分别核算。合作社盈余的分配，主要应根据交易量（额）的比例进行返还。

复习思考题

1. 农民专业合作社的基本原则是什么？
2. 农民专业合作社的设立条件是什么？
3. 农民专业合作社的解散事由有哪些？
4. 农民专业合作社成员有哪些权利和义务？
5. 农民专业合作社成员退社有哪些法律规定？
6. 农民专业合作社成员大会行使哪些权利？
7. 农民专业合作社成员的财产权利表现在哪些方面？
8. 农民专业合作社的成员账户包括哪些内容？
9. 农民专业合作社的盈余如何进行分配？

第十一单元
农村土地承包法律制度及其纠纷仲裁

学习任务1　农村土地承包经营权的法律特征

任务描述

宪法规定，农村集体经济组织实行家庭承包经营为基础、统分结合的双层经营体制。《中华人民共和国农村土地承包法》（简称“农村土地承包法”）进一步全面规范了农村土地承包关系。由此可见，农村集体土地和家庭承包制的普遍性和重要性。

案例 11-1

王某2001年承包土地15亩*，承包期30年。2006年，王某与李某协商，将承包地转让给李某盖加工厂，转让期28年。那么该转让行为是否有效呢？

评　析

王某的转让行为无效。因为，首先王某的承包期限只剩下25年，他无权转让他人28年；其次，李某将承包用于非农业建设应经批准。未经批准即无权转让。

---

* 亩为非法定计量单位，1亩≈667米^2。——编者注

《中华人民共和国农村土地承包法》于2003年3月1日起施行。这是我国第一部以法律形式对土地承包中涉及的重要问题做出规定，对于保障亿万农民的根本权益，促进农业发展，保持农村稳定，具有深远意义。

一、农村土地承包经营权的特征

根据《中华人民共和国物权法》的规定，所谓土地承包经营权是指土地承包经营权人依法享有的对其承包经营的耕地、林地、草地等农村土地占有、使用和收益以及自主从事农业活动的权利。

国家实行农村土地承包经营制度。农村土地承包采取农村集体经济组织内部的家庭承包方式，不宜采取家庭承包方式的荒山、荒沟、荒丘、荒滩等农村土地，可以采取招标、拍卖、公开协商等方式承包。

农村土地承包经营权具有以下法律特征：

（1）土地承包经营权的主体一般应当是本集体经济组织的成员，因而土地承包经营权具有明显的成员性质。本集体经济组织以外的单位或者个人，只有在通过招标、拍卖、公开协商等方式承包“四荒”等不宜采取家庭承包的农村土地时，才能够成为土地承包经营权的主体。

（2）土地承包经营权的客体是用于农业生产的农村土地，包括劳动群众集体所有的土地和国家所有但交由农村集体经济组织管理、使用的土地。

（3）以家庭承包方式而取得土地承包经营权的，以本集体经济组织成员为限，并且通过与发包方签订承包合同的方式来取得土地承包经营权。承包人通过出租、转包、转让、互换等方式进行土地承包经营权流转的，必须依法进行。

（4）土地承包经营权有利于保持农村土地承包关系长期稳定，巩固农村基本经营制度，并依法赋予农民长期而有保障的农村土地使用权。

（5）土地承包经营权的流转具有限制性。对于受让人的资格、流转合同的成立、土地性质和土地用途的维持、流转登记等，现行法律都做出了明确的限制性规定。

二、农村土地承包关系长期稳定原则

农村土地承包法第四条规定，国家依法保护农村土地承包关系的长期稳定。农村土地承包后，土地的所有权性质不变。承包地不得买卖。

三、农村土地承包经营权的消灭

一般来说，土地承包经营权消灭的原因主要有以下几种：

（1）承包期限届满。

（2）承包方交回承包地。

（3）发包方收回承包地。

（4）承包地被征收或者征用。

（5）承包地灭失。

学习任务2　农村土地承包经营权的登记制度

任务描述

农村土地承包经营权确权登记颁证工作受到高度重视，通过确权登记颁证，一是体现了农民土地承包经营权的物权权能，赋予农民更多的财产权利；二是为稳定现有土地承包关系并保持长久不变奠定好基础；三是能够让农民吃下一颗长效“定心丸”，激发他们从事农业生产经营的积极性，避免土地掠夺式经营；四是能够推动农村土地流转，培育农业新型经营主体，发展农业适度规模经营。

案例 11－2

家住湖北后田村的小田听说自家承包经营的土地要颁证了，他很兴奋，也有很多疑问，不知道这项工作怎么搞？有什么意义？

评　析

农村土地承包经营权确权登记颁证工作是法律的规定和政策的要求，做好登记确权工作，有利于保护农民的土地承包经营权，可以给农户吃上“定心丸”。

2012 年 6 月农业部办公厅印发《农村土地承包经营权登记试点工作规程（试行）》，对农村土地承包经营权登记工作的基本原则、基本类型及其操作流程、工作要求做了明确规定。

一、农村土地承包经营权的登记制度

（一）土地承包经营权登记工作的基本原则

1. 保持稳定　在保持现有农村土地承包关系稳定前提下，以已经签订的土地承包合同和已经颁发的土地承包经营权证书为基础，严禁借机违法调整和收回农户承包地。

2. 依法依规　严格执行《中华人民共和国物权法》《中华人民共和国农村土地承包法》有关土地承包经营权登记的规定，参照《中华人民共和国农村土地承包经营权证管理办法》规定的登记内容和程序开展土地承包经营权登记。

3. 因地制宜　按照试点地区的土地承包现状，缺什么补什么，探索建立土地承包经营权登记制度，妥善解决遗留问题。

4. 民主协商　充分动员农民群众，充分尊重农民意愿，试点中的重大事项均应经本集体经济组织成员民主讨论决定。

5. 注重实效 充分利用现代空间信息技术，明确承包土地的面积、空间位置和权属等，将农户承包地成图、登记、造册，建立健全农村土地承包管理信息系统。

6. 地方负责 试点工作实行部省统筹安排，县级组织实施，强化部门协作，形成整体合力，确保试点任务顺利完成。

（二）确权登记工作包括的内容

确权登记主要是对二轮承包工作的进一步完善，不改变二轮承包时期形成的土地承包关系和权属关系。打个比方，相当于给农民承包土地办一个具有法律效力的身份证。原来的所发土地承包经营权证，所记载的内容简单随意、面积不准、四至不清，有的地方农民证书已经遗失。确权登记所发的新证书，政府利用现代化科技，帮助农户进一步明确家庭承包耕地的实际面积，每块土地的空间位置，哪些人享有家庭承包经营权，给农户吃上“定心丸”。

确权登记颁证在保持现有土地承包关系的前提下，以已经签订的土地承包合同和已颁发的土地承包经营权证书为基础，结合土地承包经营权现状调查成果依法进行。土地承包合同不完善的应补签承包合同后再确权登记颁证。补签承包合同的起止时间要与当地二轮延包合同时间一致。

需要注意的是：确权登记颁证能够进一步确定农户家庭承包土地的地块、面积、空间位置等信息。但不能打乱重分，更不能推倒重来。

二、农村土地确权登记工作的实施

（一）家庭承包

1. 准备前期资料 收集整理承包合同、土地台账、登记簿、农户信息等资料，形成农户承包地登记基本信息表。处理国土“二调”或航空航天影像数据，形成用于调查和实测的基础工作底图。

2. 入户权属调查 根据基础工作底图和农户承包地登记基本信息表，入户实地进行承包地块权属调查，由农户进行确认。对存在争议的地块，待争议解决后再登记。

3. 测量地块成图 按照农村承包土地调查技术规范对承包地块进行测量和绘图，并标注地块编码和面积，形成承包土地地籍草图。

4. 公示审核 由村、组土地承包经营权登记工作组审核地籍草图后，在村、组公示。对公示中农户提出的异议，及时进行核实、修正，并再次公示。公示无异议的，由农户签字确认后作为承包土地地籍图，由村组上报乡（镇）人民政府。乡（镇）人民政府汇总并核对后上报县级人民政府。

5. 建立登记簿 根据乡镇上报的登记资料，由县级农村土地承包管理部门按照统一格式，建立土地承包经营权登记簿。土地承包经营权登记簿应当采用纸质和电子介质。为避免因系统故障而导致登记资料遗失破坏，应当进行异地备份。有条件的地方，应当采取多种方式多地备份。

6. 完善承包经营权证书 各地根据实际，依照土地承包经营权登记簿记载内容，适时对承包经营权证书进行完善。

7. 建立农村土地承包管理信息系统 县级农村土地承包管理部门应当根据登记过程中形成的影像、图表和文字等材料，按照统一的标准建立农村土地承包信息数据库和农村土地承包管理信息系统，实现农村土地承包管理信息化。

8. 资料归档 按照2010年农业部、国家档案局颁发的《关于加强农村土地承包档案管理工作的意见》，由县乡农村土地承包管理部门整理登记相关资料进行归档。

（二）其他承包

采取招标、拍卖、公开协商等方式，依法承包农村土地的，当事人申请土地承包经营权登记，按照《中华人民共和国农村土地承包经营权证管理办法》有关规定办理登记。对境外企业、组织和个人租赁农村集体土地，暂不予登记。开展其他承包方式登记参照家庭承包方式登记的相关程序。

（三）变更注销

承包期内，因下列情形导致土地承包经营权发生变动或者灭失，根据当事人申请，县级农村土地承包管理部门依法办理变更、注销登记，并记载于土地承包经营权登记簿：

（1）因集体土地所有权变化的。

（2）因承包地被征收导致承包地块或者面积发生变化的。

（3）因承包农户分户等导致土地承包经营权分割的。

（4）因土地承包经营权采取转让、互换方式流转的。

（5）因结婚等原因导致土地承包经营权合并的。

（6）承包地块、面积与实际不符的。

（7）承包地灭失或者承包农户消亡的。

（8）承包地被发包方依法调整或者收回的。

（9）其他需要依法变更、注销的情形。

开展变更登记、注销登记参照家庭承包方式登记的相关程序。

三、农村土地承包登记的机构和登记效力

县级地方人民政府负责土地承包经营权登记并核发土地承包经营权证。

土地承包经营权的登记并非权利人取得土地承包经营权的标志，当事人订立的承包合同生效时，土地承包经营权就依法产生。土地承包经营权登记是土地承包经营权人自愿进行的，不是必须进行。登记与否，不妨碍土地承包经营权的取得和变更。既然如此，登记还有什么意义呢？

举例说，村民甲承包了村里的2亩土地，没有办理登记。但是一年后，村民乙找到甲，理直气壮地要求甲把地还给他耕种，声称自己才是

这块地的承包人。甲乙之间发生冲突，这块地到底属于谁呢？经调查发现，村委会确实口头答应过承包给甲，但后来发生变化，村委会最终承包给了乙并且办理了登记手续，乙的土地承包权经过登记才能生效。

学习任务 3 农村土地承包的原则、方式和程序

任务描述

土地承包关系到每户村民的切身利益，要遵守公开、公平、公正的原则；集体经济组织成员平等行使权利、也可以自愿放弃权利原则；民主协商，公平合理的原则；承包方案应当经村民代表同意的原则；承包程序合法。在承包方式上有家庭承包和其他方式承包，法律对家庭承包方式的操作程序做了明确规定。

案例 11－3

某村村民与村委会签订土地承包合同，合同上只有村长签名，承包方案并没有得到法律规定村民人数的同意。

评 析

该村的土地承包工作并没有遵守法定的程序，方案应依法召开本集体经济组织成员的村民会议，讨论通过承包方案。承包方案的通过应当依法经本集体经济组织的村民会议 2/3 以上的成员或 2/3 以上的村民代表同意。

一、农村土地承包的原则

根据农村土地承包法第七条和第十八条规定，农村土地承包应遵

循以下原则：

1. 公开、公平、公正的原则　公开是指：①进行承包活动的信息要公开。有关承包活动的信息包括有关土地承包的法律、法规和国家政策；发包土地的名称、坐落、面积、质量等。②承包的程序要公开。③承包方案和承包结果要公开。公平是指农户依法平等地享有、行使承包本集体经济组织土地的权利。在确定承包方案时，发包方和承包方应民主协商，公平合理地确定双方的权利义务。尤其是发包方不得滥用权力，在承包合同中对承包方的权利进行不合理地限制、擅自干涉承包方的生产经营自主权或者通过承包合同给承包方增加不合理的限制。公正是指在承包过程中，要严格按照法定条件和程序办事，同等地对等每一个承包方，不得暗箱操作，也不得厚此薄彼。

2. 自愿放弃的权利　按照规定统一组织承包时，本集体经济组织成员依法平等地行使承包土地的权利，也可以自愿放弃承包土地的权利。

作为集体经济组织的一员，农民有承包本集体经济组织土地的权利，也可以放弃这一权利。但是农民放弃承包土地的权利必须以“自愿”为前提，任何单位和个人不得强迫农民放弃已经承包的土地或在承包期满后强行剥夺农民继续承包土地的权利。

3. 民主协商、公平合理　民主协商要求集思广益，发包方应与本集体经济组织的农户民主协商，充分听取和征求他们的意见，不得搞“暗箱操作”和“一言堂”。公平合理要求在土地方面，其土质好坏、肥力高低、距离远近等方面不宜差别过大，即使有差别，也应“合理”。

4. 承包方案应经村民方代表同意的原则　村民的承包经营方案，村委会必须提请村民会议讨论决定，村民会议由本村 18 周岁以上的村民组成。土地承包方案原则上应由村民会议讨论通过，但在外出人员较多或者村民分散，全体村民不易召集的情况下，也可以采取选派代表的方式。承包方案应经本集体经济组织村民会议的 2/3 以上成员或 2/3 以上村民代表同意。

5. 承包程序合法的原则　在土地承包过程中，承包的程序必须符合法律规定，违反法定的承包程序是无效的。

二、农村土地承包的方式和程序

取得土地承包经营权的方式包括家庭承包和其他方式承包两种。这两种承包方式在适用范围、程序、期限等方面都有不同。以家庭承包方式取得农村土地，是指以农村集体经济组织的每个农户家庭的全体成员为一个生产经营单位，以农户家庭的名义作为承包人承包农民集体的耕地、林地、草地等农业用地。以其他方式承包农村土地，主要是指法律规定的不宜采取家庭承包方式承包的荒山、荒沟、荒丘、荒滩等农村土地，可以通过招标、拍卖、公开协商等方式进行承包。

1. 家庭承包方式的程序

（1）本集体经济组织成员的村民会议选举产生承包工作小组。

（2）承包工作小组依照法律、法规的规定拟订并公布承包方案。承包工作小组应当对本集体经济组织的土地情况认真调查研究，对本集体经济组织的成员构成情况进行充分了解，在此基础上拟订承包方案。承包方案的好坏直接关系到承包工作能否顺利进行，直接关系到农民的土地权益能否得到切实保护。

（3）依法召开本集体经济组织成员的村民会议，讨论通过承包方案。承包方案的通过应当依法经本集体经济组织的村民会议 2/3 以上的成员或 2/3 以上的村民代表同意。

（4）公开组织实施承包方案。承包方案在讨论通过以后，集体经济组织应当公开组织实施，使承包方案落实。

（5）签订承包合同。在签订承包合同过程中，承包方与发包方地位是平等的，发包方不得强迫农户签订土地承包合同，也不得无故拒绝与承包方签订合同、剥夺承包方的承包权。发包方不得利用自己的优势地位强迫承包方接受一些不公平的条款，不得通过合同限制承包方的权利或增加承包方的费用负担。

2. 家庭承包以外的其他方式承包农村土地的程序

（1）以招标方式承包农村土地的程序。农村土地的所有人或者使用人从愿意承包该农村土地的投资者中选择最佳的中标者，与之订立土地承包合同，约定双方的权利义务。

（2）以拍卖方式承包农村土地的程序。农村土地的所有者或者使用者通过公开拍卖的方式，与最高应买者订立土地承包合同，约定双方的权利和义务。

（3）以公开协商方式承包农村土地的程序。发包方与土地的承包方就土地承包的相关事宜进行协商，在平等的基础上订立土地承包合同，明确双方的权利义务。

从农村土地承包法的规定来看，“四荒”等土地承包经营权可以通过两种方式来设立：一是直接通过招标、拍卖、公开协商等方式实行承包经营；二是将土地承包经营权折股分给本集体经济组织成员后，再实行承包经营或者股份合作经营。其中，实行承包经营的，本集体经济组织成员以其土地承包经营权的折股分享承包费等收益；实行股份合作经营的，本集体经济组织成员从经营收益中获得股份分红。

学习任务4　农村土地承包合同

任务描述

农民的土地承包经营权是通过合同予以落实的，签订一份好的合同对保护自己的权益至关重要。所以农民有必要掌握谁有资格签订土地承包经营合同、合同的方式是什么？合同的主要条款包括哪些内容？发包方与承包方有哪些权利和义务？

一、农村土地承包合同的主体和形式

（一）农村土地承包合同的主体

1. 合同的主体包括合同的发包方和承包方　根据农村土地承包

法第十二条规定，合同的发包方是农村集体经济组织、村委会或村民小组。即土地依法属于村农民集体所有的，由村集体经济组织或村委会发包；已经分别属于村内两个以上农村集体经济组织的农民集体所有的，由村内各该农村集体经济组织或者村民小组发包。

合同的承包方是本集体经济组织的农户。如果土地是由村农民集体经济组织发包的，村集体经济组织成员有权承包。如果土地是由村内两个或两个以上农村集体经济组织各自发包的，各该集体经济组织的成员有权承包。本集体经济组织成员是指本集体经济组织内的所有成员。值得一提的是，虽然家庭承包中的承包方是农村集体经济组织的农户，但发包方将土地发包给农户经营时，应当按照每户成员的人数来确定承包土地的份额，也就是通常所说的“按户承包，按人分地”。

2. 在土地确权登记办证时对承包方特殊情况的处理

（1）公职人员、现役军人、大学生等人员户口已经迁出。这些家庭承包经营户中个别人员的变化不影响家庭承包土地的权益和承包地确权登记颁证。

（2）家庭迁入城镇居住但户口仍在农村的。这种家庭仍然是该集体经济组织内部的家庭承包户，应当如实进行承包地确权登记颁证。

（3）在城镇落户的家庭。承包期内，承包方全家迁入小城镇落户的，应当按照承包方的意愿，保留其土地承包经营权或者允许其依法进行土地承包经营权流转。

（4）对外出务工农民的处理。对外出农民回乡务农，只要在土地二轮延包中获得了承包权，就必须将承包地还给原承包农户继续耕作。乡村组织已经将外出农民的承包地发包给别的农户耕作的，如果是短期合同，应当将承包收益支付给拥有土地承包权的农户，合同到期后，将土地还给原承包农户耕作。如果是长期合同，可以修订合同，将承包地及时还给原承包农户；或者在协商一致的基础上，通过给予或提高原承包农户补偿的方式解决。对外出农户中少数没有参加二轮延包、现在返乡要求承包土地的，要区别不同情况，通过民主协商，妥善处理。

（5）“五保户”的承包地。集体供养的“五保户”的承包地应尊重“五保户”的意愿，确定是否进行确权登记颁证。集体不得强行收回“五保户”的承包地作为集体机动地。

（二）农村土地承包合同的形式

农村土地承包法第二十一条规定：“发包方应当与承包方签订书面承包合同。”所以，农村土地承包合同应当采用书面形式。

二、农村土地承包合同的主要条款

根据农村土地承包法第二十一条的规定，农村土地承包合同一般包括以下条款：

1. 发包方、承包方的名称，发包方负责人和承包方代表的姓名、住所 如果合同中没有写明合同当事人，就无法确定权利由谁享有、义务由谁承担，发生的纠纷也难以解决。

2. 承包土地的名称、坐落、面积、质量等级 只有明确了承包土地的名称、坐落、面积、质量等级，承包关系才能建立。因此，本条款也是农村土地承包合同必备的条款。

3. 承包期限和起止日期 耕地的承包期为 30 年；草地的承包期为 30～50 年；林地的承包期为 30～70 年。土地承包期限是法定的，当事人只能在上述规定范围内确定承包期限。另外，为了确定合同权利的具体期间，合同中还要规定合同的起止日期。

4. 承包土地的用途 农户承包土地只能用于农业，指种植业、林业、畜牧业和渔业。

5. 发包方和承包方的权利和义务 发包方和承包方的权利和义务是农村土地承包合同的核心。下面将对此进行专门地论述。

6. 违约责任 违约责任是指合同当事人不履行合同或者不适当履行合同，依照法律的规定或按照当事人的约定，应当承担的法律责任。比如，支付违约金、赔偿损失等。

三、农村土地承包合同当事人的权利义务

（一）发包方的权利和义务

1. 发包农村土地的权利 这是发包方依法享有的最基本的权利，也是享有和行使其他权利的前提。

2. 监督承包方合理利用和保护土地的权利 发包方作为农村土地所有权人或者使用权人，有权监督承包人依照承包合同约定的用途合理利用和保护土地，以保障农村土地的生产能力和可持续利用。

3. 制止承包方损害承包地和农业资源的行为的权利 损害土地和农业资源的行为有可能会导致农村土地以及其他农业资源生产能力的下降和浪费，严重者会导致土地灭失等恶劣的后果。对于承包方的这些变更土地用途或者损害承包地和农业资源的违法行为，发包方有权依法制止。

4. 依法收回农村土地的权利 承包期内，承包方全家迁入设区的市，转为非农业户口的，应当将承包的耕地和草地交回给发包方。承包方不交回的，发包方可以收回承包的耕地和草地。

5. 维护承包方的土地承包经营权的义务 我国法律对农民的土地承包经营权的保护做出了明确的规定，任何组织和个人不得剥夺和非法限制农村集体经济组织成员承包土地的权利。

6. 不得非法变更、解除承包合同的义务 发包方有义务维护承包方的土地承包经营权，不得非法变更、解除承包合同。

7. 尊重承包方的经营自主权的义务 承包方依法享有生产经营自主权，发包方应当尊重承包方的此项权利，不得干涉承包方正常的生产经营活动。

8. 提供相应的服务 依照承包合同约定为承包方提供生产、技术、信息等服务的义务。

9. 执行县、乡（镇）土地规划等 执行县、乡（镇）土地利用总体规划以及组织本集体经济组织内的农业基础设施建设的义务。

10. 不得收回和调整承包地的义务 在承包期内，发包方不得违反法律规定收回、调整承包地。

11. 不得强迫土地承包经营权流转以及保护土地承包经营权流转权益的义务 土地承包经营权的流转是承包人的一项权利，包括发包方在内的任何组织和个人都不得强迫承包人进行土地承包经营权流转，也不得阻碍承包人进行土地承包经营权流转。强迫土地承包经营权流转的，该流转无效。对于土地承包经营权流转收益，包括发包方在内的任何组织和个人都不得擅自截留、扣缴，否则应当承担相应的法律责任。

（二）承包方的权利和义务

1. 依法承包农村土地的权利 在家庭承包中，本集体经济组织成员都平等地享有承包发包方发包的农村土地的权利。但只有在按照规定统一组织承包时，本集体经济组织成员才能依法平等地行使承包土地的权利。在以其他方式承包农村土地时，本集体经济组织成员以及集体组织成员以及集体组织以外的单位或者个人，也享有依法承包农村土地的权利。但是在同等条件下，本集体经济组织成员依法享有优先承包权。

2. 承包地的使用权 承包方有权按照承包地的属性和约定的用途使用承包地，有权自主从事农业生产活动，为实现使用目的而有权在承包土地上依法修建必要的附属设施。

3. 承包地的收益权 土地承包收益，既包括土地承包经营权人在承包地上从事农业生产活动所获得的收益，也包括因土地承包经营权流转而获得的转让费、租金等流转收益。在承包人死亡的情况下，法律规定其所获得的承包收益可以由继承人继承。

4. 土地承包经营权的处分权 土地承包经营权人有权依法进行土地承包经营权流转，也有权放弃土地承包经营权。如承包期内，承包方自愿将承包地交回发包方，就意味着土地承包经营权人放弃了土地承包经营权。

5. 依法获得补偿的权利 承包期内，承包方交回承包地或者发包方依法收回承包地时，承包方对其在承包地上投入而提高土地生产能力的，有权获得相应的补偿。承包地被依法征收、征用、占用的，土地承包经营权人有权依法获得相应补偿。

6. 维护土地的农业用途 承包方应当确保其“农业用途”，禁止将承包地用于非农建设。为了农业生产经营活动的必要，承包人可以在承包地上建造一些用于农业生产的构建物，如建造沟渠、打井等，这并不属于非农建设的范畴。

7. 保护和合理利用承包地，不得给土地造成永久性损害 “永久性损害”即由于对土地的不合理耕作、掠夺式生产经营、建造永久性建筑物或者构建物、取土、采矿以及其他不合理使用土地的行为，造成土地的荒漠化、盐渍化、破坏耕作层等严重破坏耕作条件的情况，以一般的人力、物力难以恢复种植条件的损害。承包方给承包地造成永久性损害的，发包方有权制止，并有权要求承包方赔偿由此造成的损失。

8. 支付承包费 在以招标、拍卖、公开协商等方式承包荒山、荒沟、荒丘、荒滩等农村土地的情况下，承包人应当按照承包合同的约定向发包方支付承包费。此外，在此类土地上承包经营权流转的情况下，当事人应当就承包费的支付在土地承包经营权流转合同中约定。如果当事人没有约定，则应区分不同情况分别处理。若采取转让的方式进行土地承包经营权流转，由于承包方退出承包关系，则应当由受让方向发包方支付承包费；若采取出租或者入股等方式进行土地承包经营权流转，由于承包方获得了相应的流转收益，并且其并没有退出土地承包关系，因此，应当由承包方依照土地承包合同的约定支付承包费。

学习任务5　农村土地承包经营权流转的相关规定

任务描述

农民对依法取得的土地地承包经营权可以转归第三方享有、行使，这就是所谓的流转。法律对流转有相应的规定，要遵守法定的原则、按规定的方式进行。

案例 11-4

村民甲家承包了村里3亩土地，由于家人进城打工，收入足以维持家庭生活。村里的承包地撂荒了很长时间。时下有一农业工司欲收购甲家的土地种植经济作物，并承诺每年给甲1 800元。甲有点动心，但不知这样做是否可行？也希望了解如何操作才能保护自己的权益。

评析

村民甲与农业公司商议的行为即属于土地承包经营权的流转，法律对此有专门的规定，只要流转的原则、方式等遵守法律的要求，这种流转就是许可的。要想保护自己的权益，村民甲还应进一步了解相关法律规定的内容。

土地承包经营权的流转，是指依法取得土地承包经营权的承包方与受让方订立土地承包经营权的流转合同，并依照合同的约定将依法取得的土地承包经营权以及由其所派生的权利通过法定的方式转移归受让方享有、行使。如村民甲与农业公司签订合同将土地承包经营权转移给农业公司。

一、农村土地承包经营权流转的原则

（1）平等协商、依法、自愿、有偿原则。

（2）土地所有权性质和土地用途维持原则。

（3）土地承包经营权流转期限受限制原则。

（4）受让方须具有农业生产的能力。

（5）在同等条件下，本集体组织经济成员享有优先权。

二、农村土地承包经营权流转合同

享有土地承包经营权的承包方与自愿接受土地承包经营流转权的一方应当订立合同来明确双方的权利、义务，合同应当采用书面形式。

1. 土地承包经营权流转合同包括的内容

（1）流转双方当事人的姓名、住所。

（2）流转土地的名称、坐落、面积、质量等级。

（3）土地承包经营权流转的期限、起止日期。

（4）流转土地的用途。

（5）双方当事人的权利义务。

（6）流转价款及支付方式。

（7）违约责任。

除此之外，当事人可约定其他内容，如争议解决的途径和方法等。

2. 注意事项

（1）采取转让方式进行土地承包经营权流转的，应当经发包方同意；采取转包、出租、互换方式或者其他方式流转的，应当报发包方备案。

（2）任何组织和个人强迫承包方进行土地承包经营权流转的，该流转无效。即流转行为无效、流转合同也无效。

三、农村土地承包经营权流转的方式

土地承包经营权流转的方式包括转包、出租、互换、转让、入股、抵押等。其中，通过家庭承包方式取得土地承包经营权可以采取转包、出租、转让、互换及股份合作等方式流转。通过其他承包方式只有经依法登记取得土地承包经营权证或者林权证等证书的才可以采取转让、出租、入股、抵押等方式流转。

（一）转包

（1）转包只适用于以家庭承包方式取得的土地承包经营权，并且在同一集体经济组织的农户之间进行。

（2）转包后，村民甲并不退出土地承包关系，仍应按照与发包方订立的承包合同享有权利并承担义务。

（3）村民乙按照转包合同的约定，对村民甲负责。转包无需经发包人许可，但转包合同需向发包人备案。

（二）出租

前述案例中村民甲家承包了村里 3 亩土地，农业工司欲收购甲家的土地种植经济作物，并承诺每年给甲 1 800 元。村民甲与农业公司之间可以签订承包土地出租合同，而不适宜转包。以出租的方式进行土地承包经营权流转的，有以下特点：

（1）不论取得土地承包经营权的方式如何，均可使用。

（2）承租人既可以是本集体经济组织的成员，也可以是本集体经济组织以外的单位或者个人。

（3）土地承包经营权出租后，作为出租人的承包方与发包方的承包关系不变，承包方按照承包合同约定对发包方负责，承租人则按照租赁合同的约定对承包方负责。

（三）互换

案例 11－5

村民甲和乙同属一个村庄，各自与村委会签订土地承包合同承包土地 4 亩。后甲与乙都觉得对方的地块更适合自己耕种。甲、乙遂私下协商、交换彼此的承包地块。

评　析

甲、乙之间交换承包地块的行为也是土地流转的一种方式。互换方式有如下特点：

（1）以互换进行土地承包经营权流转的，仅限于家庭承包方式取得的土地承包经营权，并且互换的主体应当属于同一集体经济组织。

（2）土地承包经营权互换后，互换的双方均取得对方的土地承包经营权，丧失自己的原土地承包经营权。

（3）互换后，因为双方原有的权利和义务发生了转换，因此应当变更原土地承包合同。

（四）转让

案例 11－6

村民大张，虽然是种粮大户，但苦于自己承包的土地太少，无法实现规模经营。他发现村里许多人长期进城生活，承包地撂荒多年，他想给收过来，又担心转包和承租权利不稳定，希望能长期耕种，自己进行更大的投资才能得到回报。那么除了转包和出租的方式还有没有更合适的呢？

评　析

大张可以与其他村民商议采取转让的方式取得这些土地的承包经营权。此案例符合转让这种方式，但须征得发包方同意。

转让方式的特点是：

（1）承包方有稳定的非农职业或者收入来源，经承包方申请和发包方同意，将部分或者全部土地承包经营权让渡给其他从事农业经营的农户，由其履行相应土地承包合同的权利和义务。

（2）以转让方式进行土地承包经营权流转的，如果是部分转让，应当变更原土地承包合同，保持土地承包关系不变；若全部转让，则承包方退出承包关系，受让方应当按照原土地承包合同对发包人负责，并按照转让合同向转让方支付转让费等流转费用。

(3) 一般情况下，以家庭方式取得的土地承包经营权的转让，从保护集体经济组织成员的权益考虑，受让方应当是本集体经济组织的成员。对于以其他方式取得的土地承包经营权转让，则无此限制。

(4) 土地承包经营权转让须经发包方同意，否则，转让合同无效；受让方应当具有从事农业生产经营的能力。承包方将土地承包经营权转让后，一般不得再要求重新承包农村土地。

（五）入股

案例 11－7

村里有人在倡议成立苹果种植合作社，村民李某也想加入，但缺少资金，有人为他出主意，你可以不出现金，拿你承包的土地入股也没问题。李某想找个明白人确认一下，到底可不可以拿承包地入股？怎么入法？

评 析

家庭承包方式的承包方之间可以将土地承包经营权组为股权，自愿联合从事农业合作生产经营；其他承包方式的承包方也可以将土地承包经营权量化为股权，入股组成股份公司或者合作社。

入股流转方式的特点是：以承包土地入股的，原承包方与发包方的承包关系不变，双方的权利和义务也不变。

（六）抵押

案例 11－8

村民丙通过公开协商方式，承包了 20 亩“四荒地”，在经营过程中因需要资金与银行签订了抵押贷款协议，将 20 亩土地承包经营权抵押给银行，获得贷款 20 万元。但经营不善，导致银行的贷款无法偿还。贷款合同期限已满，欠款应当如何处理呢？

评 析

因为村民丙已将该20亩土地的承包经营权抵押给银行，故银行有权在其不能清偿到期债务时行使抵押权。

所谓土地承包经营权抵押，是指土地承包经营权人为担保自己的债务的履行，以通过其他方式而取得“四荒”地等农村土地承包经营权作担保，债务人不履行债务时，抵押权人有权就土地承包经营权拍卖或者变卖等所得价款优先受偿的行为。

根据现行法的规定，抵押仅适用于以其他方式取得土地承包经营权，而不适用于家庭承包经营权所取得的土地承包经营权。

学习任务6　农村土地承包合同纠纷的调解与仲裁

任务描述

土地承包合同纠纷各地都经常发生，有了纠纷就要妥善解决，以维护社会和谐稳定。在处理纠纷方面，有专门的《中华人民共和国农村土地承包经营纠纷调解仲裁法》作依据，这部法律中对纠纷调解和仲裁的范围、处理方式、处理程序都做了明确规定。

一、农村土地承包经营纠纷调解与仲裁概述

案例 11－9

村民甲承包了靠近河边的200亩荒滩，通过公开发布和协商的方式承包，约定每年支付承包费每亩300元，甲从事种养殖业和旅游的综合开发，承包期为30年，甲与村委会签订了合同并办理了相关手续。不料经

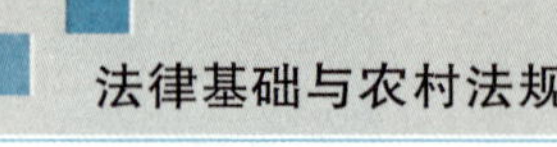

营3年之后，甲在一次车祸中死亡，村委会便以承包人死亡为由提出收回该片土地另行发包。对此，张某的儿子小张提出异议，认为承包期还没有满，自己有权继续经营。

评析

农村土地承包法第五十条规定，土地承包经营权通过招标、拍卖、公开协商等方式取得的，该承包人死亡，其应得的承包收益依照继承法的规定继承；在承包期内，其继承人可以继续承包。因此，小张有权继续承包。发生农村土地承包经营纠纷的，当事人可以自行和解，也可以请求村民委员会、乡（镇）人民政府等调解。当事人和解、调解不成或者不愿和解、调解的，可以向农村土地承包仲裁委员会申请仲裁，也可以直接向人民法院起诉。所以对于村委会与小张之间的纠纷，小张完全有权力按下面介绍的程序维护自己的权益。

（一）农村土地承包经营纠纷的四种处理方式

（1）自行和解。对于农村土地承包合同纠纷，双方可以自行和解。

（2）调解。纠纷当事人也可以请求村民委员会、乡（镇）人民政府等调解。

（3）申请仲裁。当事人和解、调解不成或者不愿和解、调解的，可以向农村土地承包仲裁委员会申请仲裁。

（4）诉讼。当事人和解、调解不成或者不愿和解、调解的，除申请仲裁外，也可以直接向人民法院起诉。

（二）六种农村土地承包经营纠纷可向仲裁委员会申请调解和仲裁

（1）因订立、履行、变更、解除和终止农村土地承包合同发生的纠纷。

（2）因农村土地承包经营权转包、出租、互换、转让、入股等流转发生的纠纷。

（3）因收回、调整承包地发生的纠纷。

（4）因确认农村土地承包经营权发生的纠纷。

（5）因侵害农村土地承包经营权发生的纠纷。

（6）法律、法规规定的其他农村土地承包经营纠纷。

因征收集体所有的土地及其补偿发生的纠纷，不属于农村土地承包仲裁委员会的受理范围，可以通过行政复议或者诉讼等方式解决。

（三）调解或仲裁的原则及政府的职责

调解和仲裁，应当公开、公平、公正，便民高效，根据事实，符合法律，尊重社会公德。

县级以上人民政府应当加强对农村土地承包经营纠纷调解和仲裁工作的指导。县级以上人民政府农村土地承包管理部门及其他有关部门应当依照职责分工，支持有关调解组织和农村土地承包仲裁委员会依法开展工作。

二、农村土地承包经营纠纷的调解

案例 11－10

村民乙因土地转包与受让方丙发生纠纷，村委会多次调解未成。现在乙申请了仲裁，仲裁庭对双方纠纷进行了调解并达成了调解协议，仲裁庭制作了调解书送达双方，但丙不明白：这种调解书有法律效力吗？

评 析

经人民调解委员会调解达成的、有民事权利义务内容，并由双方当事人签字或者盖章的调解协议，具有民事合同性质。

既可以由村民委员会或乡（镇）政府进行调解，也可以由土地纠纷仲裁委员会进行调解。针对农民的特点和需要，法律规定，当事人申请农村土地承包经营纠纷调解可以书面申请，也可以口头申请。

调解农村土地承包经营纠纷，村民委员会或者乡（镇）人民政府应当充分听取当事人对事实和理由的陈述，讲解有关法律以及国家政策，耐心疏导，帮助当事人达成协议。经调解达成协议的，村民委员会或者乡（镇）人民政府应当制作调解协议书。调解协议书由双方当事人签名、盖章或者按指印，经调解人员签名并加盖调解组织印章后生效。

仲裁庭对农村土地承包经营纠纷应当进行调解，调解达成协议的，仲裁庭应当制作调解书；调解不成的，应当及时做出裁决。调解书应当写明仲裁请求和当事人协议的结果。调解书由仲裁员签名，加盖农村土地承包仲裁委员会印章，送达双方当事人。调解书经双方当事人签收后，即发生法律效力。在调解书签收前当事人反悔的，仲裁庭应当及时作出裁决。

三、农村土地承包经营纠纷的仲裁

经人民调解委员会调解达成的、有民事权利义务内容，并由双方当事人签字或者盖章的调解协议，具有民事合同性质。对于仲裁委员会调解达成协议后制作的发生法律效力的调解书、裁决书，应当依照规定的期限履行。一方当事人逾期不履行的，另一方当事人可以向被申请人住所地或者财产所在地的基层人民法院申请执行。受理申请的人民法院应当依法执行。

如果当事人对农村土地承包仲裁机构的仲裁裁决不服的，可以在收到裁决书之日起 30 日内向人民法院起诉。逾期不起诉的，裁决书即发生法律效力。仲裁生效后再向人民法院起诉将不予受理。

（一）仲裁申请

1. 提出申请的方式 农村土地承包经营纠纷的解决有很强的时

效性和季节性。为方便群众就地、及时、有效地解决纠纷，并衔接好仲裁与诉讼的关系，法律对仲裁申请和受理的程序予以明确规定："当事人申请仲裁，应当向纠纷涉及的土地所在地的农村土地承包仲裁委员会递交仲裁申请书。仲裁申请书可以邮寄或者委托他人代交。仲裁申请书应当载明申请人和被申请人的基本情况，仲裁请求和所根据的事实、理由，并提供相应的证据和证据来源。"

书面申请确有困难的，可以口头申请，由农村土地承包仲裁委员会记入笔录，经申请人核实后由其签名、盖章或者按指印。

2. 要注意申请仲裁的时效 法律规定仲裁的时效期间为 2 年，自当事人知道或者应当知道其权利被侵害之日起计算。时效的规定是为了督促当事人及时行使自己的权利。

但是根据司法解释规定，农村土地承包仲裁委员会以超过申请仲裁的时效期间为由驳回申请后，当事人就同一纠纷提起诉讼的，人民法院应予受理。这主要是考虑到农村土地承包纠纷中，仲裁非诉讼的前置程序，因此，仲裁时效与诉讼时效的计算应各自独立。诉讼请求是否超过诉讼时效期间，应由法院在受理后的实体审理中做出认定。

超过诉讼时效，当事人自愿履行的，不受诉讼时效限制。因此，在实践中，该类案件起诉到法院后，与审理其他民事案件一样，只有在对方当事人提出已经超过诉讼时效的情况下，法院才依法审查当事人的请求权是否超过诉讼时效期间。

（二）仲裁须知

1. 参加仲裁的人员认定 法律规定，农村土地承包经营纠纷仲裁的是申请人与被申请人（当事人）。家庭承包的，可以由农户代表人参加仲裁。当事人一方人数众多的，可以推选代表人参加仲裁。与案件处理结果有利害关系的，可以申请作为第三人参加仲裁，或者由农村土地承包仲裁委员会通知其参加仲裁。当事人、第三人可以委托代理人参加仲裁。

2. 申请财产保全的条件 一方当事人因另一方当事人的行为或者其他原因，可能使裁决不能执行或者难以执行的，可以申请财产保全。

当事人申请财产保全的，农村土地承包仲裁委员会应当将当事人的申请提交被申请人住所地或者财产所在地的基层人民法院。申请有错误的，申请人应当赔偿。

3. 仲裁委员会开庭审理土地承包经营纠纷的地点及仲裁员的选择 农村土地承包经营纠纷仲裁应当开庭进行。开庭可以在纠纷涉及的土地所在地的乡（镇）或者村进行，也可以在农村土地承包仲裁委员会所在地进行。当事人双方要求在乡（镇）或者村开庭的，应当在该乡（镇）或者村开庭。

法律规定，仲裁庭依法独立履行职责，不受行政机关、社会团体和个人的干涉。农村土地承包仲裁委员会应当从公道正派的人员中聘任仲裁员。仲裁员应当符合规定的条件。

4. 当事人的权利和义务

（1）可以自行和解。当事人申请仲裁后，可以自行和解。达成和解协议的，可以请求仲裁庭根据和解协议作出裁决书，也可以撤回仲裁申请。仲裁庭作出裁决前，申请人撤回仲裁申请的，除被申请人提出反请求的外，仲裁庭应当终止仲裁。

（2）可以放弃或变更、承认、反驳仲裁请求或提出反请求：申请人可以放弃或者变更仲裁请求；被申请人可以承认或者反驳仲裁请求，有权提出反请求。

（3）可以发表意见：当事人在开庭过程中有权发表意见、陈述事实和理由、提供证据、进行质证和辩论。对不通晓当地通用语言文字的当事人，农村土地承包仲裁委员会应当为其提供翻译。

5. 提出证据

（1）举证责任。当事人应当对自己的主张提供证据。与纠纷有关的证据由发包方等掌握管理的，该发包方应当在仲裁庭指定的期限内提供，逾期不提供的，应当承担不利后果。仲裁庭认为有必要收集的证据，可以自行收集。

（2）质证。证据应当在开庭时出示，但涉及国家秘密、商业秘密和个人隐私的证据不得在公开开庭时出示。仲裁庭应当依照仲裁规则的规定开庭，给予双方当事人平等陈述、辩论的机会，并组织当事人进行质证。经仲裁庭查证属实的证据，应当作为认定事实的根据。

（3）证据保全。在证据可能灭失或者以后难以取得的情况下，当事人可以申请证据保全。当事人申请证据保全的，农村土地承包仲裁委员会应当将当事人的申请提交证据所在地的基层人民法院。

6. 仲裁庭的裁决

（1）先行裁定。对权利义务关系明确的纠纷，经当事人申请，仲裁庭可以先行裁定维持现状、恢复农业生产以及停止取土、占地等行为。一方当事人不履行先行裁定的，另一方当事人可以向人民法院申请执行，但应当提供相应的担保。

（2）裁决。仲裁庭应当根据认定的事实和法律以及国家政策做出裁决并制作裁决书。裁决应当按照多数仲裁员的意见做出，少数仲裁员的不同意见可以记入笔录。仲裁庭不能形成多数意见时，裁决应当按照首席仲裁员的意见做出。

农村土地承包仲裁委员会应当在裁决做出之日起 3 个工作日内将裁决书送达当事人，并告知当事人不服仲裁裁决的起诉权利、期限。

（3）裁决做出的期限。仲裁农村土地承包经营纠纷，应当自受理仲裁申请之日起 60 日内结束；案情复杂需要延长的，经农村土地承包仲裁委员会主任批准可以延长，并书面通知当事人，但延长期限不得超过 30 日。

（4）不服裁决的起诉。当事人不服仲裁裁决的，可以自收到裁决书之日起 30 日内向人民法院起诉。逾期不起诉的，裁决书即发生法律效力。

（5）调解书、裁决书的效力。当事人对发生法律效力的调解书、裁决书，应当依照规定的期限履行。一方当事人逾期不履行的，另一方当事人可以向被申请人住所地或者财产所在地的基层人民法院申请执行。受理申请的人民法院应当依法执行。

单元小结

农村土地承包的基本原则是：①公开、公平、公正；②在组织统一承包时，本集体经济组织成员平等地行使承包权利，也可以自愿放弃承包土地的权利；③承包过程中，要民主协商、公平合理；④承包方案应当经村民会议 2/3 以上的成员或 2/3 以上的村民代表同意；⑤承包程序要符合法律规定。农村土地承包合同要主体合法、内容合法，并以书面形式订立。

农村土地承包合同的主要条款包括：发包方和承包方当事人；承包土地的名称、坐落、面积、质量等级；承包期限和起止日期；承包土地的用途；发包方和承包方的权利和义务；违约责任。

农户的土地承包经营权可以依法流转。其原则是：平等协商、自愿、有偿；不改变土地的所有权的性质和土地的农业用途；流转的期限不得超过承包期剩余年限；受让方须有农业经营能力；本集体经济组织成员优先。土地承包经营权流转的方式包括：转包、出租、互换、转让、入股、抵押。

土地承包过程中，发包方和承包方的纠纷解决途径有：协商、调解、仲裁或诉讼。村民委员会、乡（镇）人民政府负责农村土地承包经营纠纷调解工作，帮助当事人达成协议解决纠纷。当事人申请仲裁，应当向纠纷涉及的土地所在地的农村土地承包仲裁委员会递交仲裁申请书。当事人对发生法律效力的调解书、裁决书，应当依照规定的期限履行。一方当事人逾期不履行的，另一方当事人可以向被申请人住所地或者财产所在地的基层人民法院申请执行。受理申请的人民法院应当依法执行。

复习思考题

1. 土地承包经营权有哪些法律特征?
2. 如何理解农村土地承包登记的效力?
3. 农村土地家庭承包的程序是什么?
4. 土地承包合同包括哪些主要条款?
5. 土地承包经营权流转的方式有哪些? 各有什么特点?
6. 哪些情形的土地承包经营纠纷可以申请仲裁?
7. 仲裁委员会如何开庭审理土地承包经营纠纷?
8. 当事人在土地承包纠纷仲裁中如何提出证据?

第十二单元 自然资源的法律保护和农业生产资料的使用规定

学习任务1 耕地的法律保护

任务描述

农业自然资源主要包括土地资源、水资源、大气资源、森林资源、草原资源以及动植物生物资源，保护自然资源就是保护我们人类自身的利益。

案例 12－1

某村村民符某在本村个人责任田里搭建水泥预制板活动板房，用于养殖蘑菇。经执法人员调查核实，符某个人责任田规划用途为基本农田，占地面积约2亩，所建房屋为水泥预制板活动房屋，建筑面积为1 235 米^2。符某的行为违反了《中华人民共和国土地管理法》（简称“土地管理法”）第七十四条和《××市基本农田保护条例》的规定，行为已构成违法占地行为。

根据土地管理法的相关规定，执法机关对其下达了“行政处罚告知书”和“行政处罚决定书”，限其15日内进行改正，恢复土地原状。

评 析

符某在自家责任田里建设用于养蘑菇的用房，擅自改变基本农田性质，根据土地管理法规定：占用耕地建窑、建坟或者擅自在耕地上建房、挖砂、采石、采矿、取土等，破坏种植条件的，或者因开发土地造成土地荒漠化、盐渍化的，由县级以上人民政府土地行政主管部门责令限期改正或者治理，可以并处罚款；构成犯罪的，依法追究刑事责任。

一、基本农田保护制度

耕地是种植各种农作物的土地，是人类所需食物的主要源泉。基本农田指按照一定时期人口和社会经济发展对农产品的需求，依据土地利用总体规划确定的不得占用的耕地。其内涵包括三个方面：一是强调基本农田与一般农田的内在肥力差异，即土地对作物适宜性和自然生产力高；二是明确基本农田与一般农田所处地段不同，即农田土地条件较好；三是基本农田是一定时期内人地关系平衡的一种表现，具有时段性。基本农田作为耕地的精华，必然是耕地保护的主要内容。我国在保护耕地与基本农田方面有一系列法律法规，如《中华人民共和国土地管理法》《中华人民共和国土地管理法实施条例》和《基本农田保护条例》等法。

在保护耕地方面，主要有以下制度：

1. 耕地总量动态平衡制度　即通过采取一系列行政、经济、法律的措施，保证我国现有耕地总面积在一定时间内只能增加，不能减少，并逐步提高耕地的质量。

2. 耕地占补平衡制度　即随着社会经济的发展，城市化是一个必然趋势，建设用地不可避免地占用相当数量的耕地，导致耕地数量减少。非农业建设项目经批准占用耕地的，应当按照“占多少、垦多少”的原则，由占用耕地的单位开垦与所占耕地的数量和质量相当的耕地；没有条件开垦或者开垦的耕地不符合要求的，应当按照省、自治区、直辖市的规定缴纳耕地开垦费，此项费用专门用于开垦新的耕地，并规定不得以现金补偿替代应开垦的耕地，借以稳定耕地的保有量。

3. 耕地转用审批制度　即为制止乱占耕地的行为，建立严格的耕地转用审批制度。耕地转用审批制度是关于非农建设占用耕地审批的法律制度。

除上述保护的制度外，农民更应重点了解我国基本农田保护制度。依照土地管理法，下列耕地应当根据土地利用总体规划列入基本农田保护区，严格管理：①经国务院有关主管部门或者省级以上地方人民政府批准确定的粮、棉、油生产基地内的耕地；②有良好的水利与水利保护设施的耕地，正在实施改造计划以及可以改造的中、低产田；③蔬菜生产基地；④农业科研、教学试验田；⑤国务院规定划入基本农田保护区的其他耕地。

国家对划入基本农田保护区的耕地实行特殊保护，基本农田及其以外耕地超过35公顷的，因公共设施建设需要征用，也必须由国务院批准。禁止占用耕地建窑、建坟或者擅自在耕地上建房、挖砂、采石和取土等；禁止占用基本农田发展林果业和挖塘养鱼。

二、禁止弃耕抛荒制度

禁止闲置、荒芜耕地，提高土地利用质量。具体规定有：

（1）已办理土地审批手续的非农业建设占用耕地，一年内不用而又可以耕种收获的，应当由原耕种该处耕地的集体或者个人恢复耕种，也可以由用地单位组织耕种；一年以上未动工建设的，应缴纳土地闲置费；连续两年未使用的，经原批准机关批准，由县级以上人民政府无偿收回用地单位的土地使用权，并交由原农村集体经济组织恢复耕种。

（2）承包经营耕地的单位或个人连续两年弃耕抛荒的，原发包单位应当终止承包合同，收回发包的耕地。

（3）在治理方面，土地管理法在对耕地特殊保护的同时，对未利用地的开发也做了相应的规范。从总体上看，国家鼓励单位或个人按照土地利用总体规划，在保护和改善生态环境，防止水土流失和土地荒漠化的前提下，开发未利用土地。开发未利用的土地如果适宜农用地的，应当优先开发成农用地。

学习任务2 森林资源的法律保护

任务描述

保护森林资源意义重大。本小节介绍森林资源的所有权、国家对林农权益和林业资源的保护，重点介绍农民在保护森林资源方面的权利与责任。

案例 12-2

村民赵某以某山岭的林地属于自己所在的村集体，自己是该村集体成员为由，未向林业部门申领采伐许可证，擅自采伐该山岭上的15亩公益生态林。

评 析

赵某的行为违反了森林法的相关规定，应依法承担法律责任。根据其行为的性质和擅自采伐的数量，已构成盗伐林木罪，还应按刑法的规定承担刑事责任。

一、林权和林农的权益保护

1. 林权 林权是指森林、林木和林地的所有权和使用权。

按我国法律规定，林权主体包括国家、集体、机关团体和公民个人。集体所有制单位营造的林木，归该集体所有。农民在房前屋后、自留地、自留山和集体组织指定的地方种植的树木，归农民个人所有。集体或者个人承包全民所有和集体所有的宜林荒地造林，承包合同另有规定的，按照合同规定执行。

国家所有、集体所有的山林树木，或个人所有的林木和使用的林地，以及其他部门、单位的林木，由县或县以上人民政府颁发林权证书，登记造册，确定和保障其所有权。

2. 林农的权益保护 《中华人民共和国森林法》（简称“森林法”）规定：国家保护林农的合法权益，依法减轻林农的负担，禁止向林农违法收费、罚款，禁止向林农进行摊派和强制集资。

国家保护承包造林的集体和个人的合法权益，任何单位和个人不得侵犯承包造林的集体和个人依法享有的林木所有权和其他合法权益。

二、森林资源的保护措施

国家对森林资源实行以下保护性措施：①对森林实行限额采伐，鼓励植树造林、封山育林，扩大森林覆盖面积；②根据国家和地方人民政府有关规定，对集体和个人造林、育林给予经济扶持或者长期贷款；③提倡木材综合利用和节约使用木材，鼓励开发、利用木材代用品；④征收育林费，专门用于造林育林；⑤煤炭、造纸等部门，按照煤炭和木浆纸张等产品的产量提取一定数额的资金，专门用于营造坑木、造纸等用材林；⑥建立林业基金制度。

国家设立森林生态效益补偿基金，用于提供生态效益的防护林和特种用途林的森林资源、林木的营造、抚育、保护和管理。森林生态效益补偿基金必须专款专用，不得挪作他用。

三、农民对保护森林资源的权利与责任

（一）法律禁止的行为

（1）禁止毁林开垦和毁林采石、采砂、采土以及其他毁林行为。

（2）禁止在幼林地和特种用途林内砍柴、放牧。

（3）进入森林和森林边缘地区的人员，不得擅自移动或者损坏为

林业服务的标志。

（4）禁止猎捕林区内列为国家保护的野生动物。

（二）植树造林的鼓励

（1）集体所有制单位营造的林木，归该单位所有。

（2）农村居民在房前屋后、自留地、自留山种植的林木，归个人所有。

（3）集体或者个人承包国家所有和集体所有的宜林荒山荒地造林的，承包后种植的林木归承包的集体或者个人所有；承包合同另有规定的，按照承包合同的规定执行。

（三）遵守森林采伐的相关规定

1. 采伐方式 采伐森林和林木必须采取下列方式：

（1）成熟的用材林应当根据不同情况，分别采取择伐、皆伐和渐伐方式，皆伐应当严格控制，并在采伐的当年或者次年内完成更新造林。

（2）防护林和特种用途林中的国防林、母树林、环境保护林、风景林，只准进行抚育和更新性质的采伐。

（3）特种用途林中的名胜古迹和革命纪念地的林木、自然保护区的森林，严禁采伐。

2. 遵守林木采伐许可证制度 采伐林木必须申请采伐许可证，按许可证的规定进行采伐；农村居民采伐自留地和房前屋后个人所有的零星林木除外。

国有林业企业事业单位、机关、团体、部队、学校和其他国有企业事业单位采伐林木，由所在地县级以上林业主管部门依照有关规定审核发放采伐许可证。

铁路、公路的护路林和城镇林木的更新采伐，由有关主管部门依照有关规定审核发放采伐许可证。

农村集体经济组织采伐林木，由县级林业主管部门依照有关规定审核发放采伐许可证。

农村居民采伐自留山和个人承包集体的林木，由县级林业主管部门或者其委托的乡、镇人民政府依照有关规定审核发放采伐许可证。

采伐林木的单位或者个人，必须按照采伐许可证规定的面积、株数、树种、期限完成更新造林任务，更新造林的面积和株数不得少于采伐的面积和株数。

3. 遵守木材运输凭证制度　从林区运出木材，必须持有林业主管部门发放的运输证件，国家统一调拨的木材除外。

依法取得采伐许可证后，按照许可证的规定采伐的木材，从林区运出时，林业主管部门应当发给运输证件。经省、自治区、直辖市人民政府批准，可以在林区设立木材检查站，负责检查木材运输。对未取得运输证件或者物资主管部门发给的调拨通知书运输木材的，木材检查站有权制止。

学习任务3　渔业资源的法律保护

任务描述

国家对渔业进行监督管理，规定了养殖证制度、捕捞作业的许可证制度。本小节主要介绍从事养殖业应取得养殖证及遵守环境保护规定、从事特定的捕捞业应获取捕捞许可证，同时养殖者对保护渔业资源负有相应的义务。

案例 12－3

福建某村民甲未办理渔业生产捕捞许可证进行生产，在禁渔区、禁渔期将载有渔网等定置网作业所需用具的渔船停泊在海区作业，被县渔政管理站的海上执勤人员查扣并做出行政处罚决定，处以2 000元罚款，没收渔船及船上用具。

评 析

我国《中华人民共和国渔业法》（简称“渔业法”）第三十条规定：禁止使用炸鱼、毒鱼、电鱼等破坏渔业资源的方法进行捕捞。禁止制造、销售、使用禁用的渔具。禁止在禁渔区、禁渔期进行捕捞。禁止使用小于最小网目尺寸的网具进行捕捞。捕捞的渔获物中幼鱼不得超过规定的比例。在禁渔区或者禁渔期内禁止销售非法捕捞的渔获物。本案中村民甲触犯了渔业法的规定，在禁渔区、禁渔期设置定置网捕捞，破坏海产资源，违反了渔业法的有关规定，执法机关有权对其进行行政处罚。

一、养殖业制度

国家鼓励全民所有制单位、集体所有制单位和个人充分利用适于养殖的水域、滩涂，发展养殖业。对水域利用要进行统一规划，确定可以用于养殖业的水域和滩涂。单位和个人使用国家规划确定用于养殖业的全民所有的水域、滩涂的，使用者应当向县级以上地方人民政府渔业行政主管部门提出申请，由本级人民政府核发养殖证，许可其使用该水域、滩涂从事养殖生产。

集体所有的或者全民所有由农业集体经济组织使用的水域、滩涂，可以由个人或者集体承包，从事养殖生产。县级以上地方人民政府在核发养殖证时，应当优先安排当地的渔业生产者。

根据法律规定，从事养殖生产不得使用含有毒有害物质的饵料、饲料。提示从事养殖生产应当保护水域生态环境，科学确定养殖密度，合理投饵、施肥、使用药物，不得造成水域的环境污染。

二、捕捞许可证制度

1. 发放许可证的机构 海洋大型拖网、围网作业以及到中华人民共和国与有关国家缔结的协定确定的共同管理的渔区或者公海从事捕捞作业的捕捞许可证，由国务院渔业行政主管部门批准发放。其他作业的捕捞许可证，由县级以上地方人民政府渔业行政主管部门批准发放。但是，批准发放海洋作业的捕捞许可证不得超过国家下达的船网工具控制指标，具体办法由省、自治区、直辖市人民政府规定。

2. 颁发条件 根据渔业法第二十四条规定，具备下列条件的，方可发给捕捞许可证：①有渔业船舶检验证书；②有渔业船舶登记证书；③符合国务院渔业行政主管部门规定的其他条件。

三、渔业资源增殖和保护中各主体的主要义务

1. 养殖者的义务 从事养殖生产不得使用含有毒有害物质的饵料、饲料。应当保护水域生态环境，科学确定养殖密度，合理投饵、施肥、使用药物，不得造成水域的环境污染。

2. 从事捕捞业者的义务

（1）从事捕捞作业的单位和个人，必须按照捕捞许可证关于作业类型、场所、时限、渔具数量和捕捞限额的规定进行作业，并遵守国家有关保护渔业资源的规定，大中型渔船应当填写渔捞日志。

（2）制造、更新改造、购置、进口的从事捕捞作业的船舶必须经渔业船舶检验部门检验合格后，方可下水作业。

（3）禁止使用炸鱼、毒鱼、电鱼等破坏渔业资源的方法进行捕捞。禁止制造、销售、使用禁用的渔具。禁止在禁渔区、禁渔期进行捕捞。禁止使用小于最小网目尺寸的网具进行捕捞。捕捞的渔获物中幼鱼不得超过规定的比例。

（4）禁止捕捞有重要经济价值的水生动物苗种。因养殖或者其他特殊需要，捕捞有重要经济价值的苗种或者禁捕的怀卵亲体的，必须经渔业行政主管部门批准，在指定的区域和时间内，按照限额捕捞。

3. 其他从业者的义务

（1）在禁渔区或者禁渔期内禁止销售非法捕捞的渔获物。

（2）在水生动物苗种重点产区引水用水时，应当采取措施，保护苗种。

（3）在鱼、虾、蟹洄游通道建闸、筑坝，对渔业资源有严重影响的，建设单位应当建造过鱼设施或者采取其他补救措施。

（4）用于渔业并兼有调蓄、灌溉等功能的水体，有关主管部门应当确定渔业生产所需的最低水位线。

（5）禁止围湖造田。沿海滩涂未经县级以上人民政府批准，不得围垦；重要的苗种基地和养殖场所不得围垦。

（6）进行水下爆破、勘探、施工作业，对渔业资源有严重影响的，作业单位应当事先同有关县级以上人民政府渔业行政主管部门协商，采取措施，防止或者减少对渔业资源的损害。

学习任务4 农民如何使用农药、兽药

任务描述

农药的使用关系到环境、农产品质量、生物多样性，更主要的是关系到人的生命安全，因此国家制定了相关规定，使用者应遵守相应的规定。兽药的使用也要遵守安全使用规定。

案例 12－4

某市一职工食堂发生一起食物中毒案件，有十几人出现不同程度的有机磷农药中毒症状，经对剩余食物、未加工青菜及病人排泄物做农药残留检验，检测结果判定：这是一起由农药污染油菜所致的食物中毒事件。

评 析

从食物中毒案件发生的原因分析，由于农药污染而导致的屡有发生。这说明，部分菜农还是需要提高道德水准、法律意识及用药知

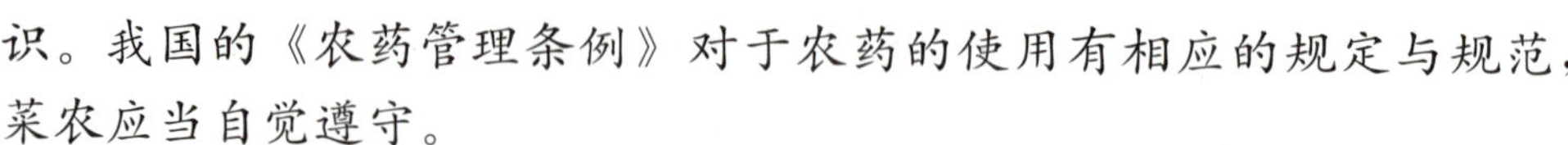

识。我国的《农药管理条例》对于农药的使用有相应的规定与规范，菜农应当自觉遵守。

一、农药使用的法律规定

《农药管理条例》规定，县级以上地方各级人民政府农业行政主管部门应当加强对安全、合理使用农药的指导，根据本地区农业病、虫、草、鼠害发生情况，制定农药轮换使用规划，有计划地轮换使用农药，减缓病、虫、草、鼠的抗药性，提高防治效果。林业、粮食、卫生行政部门应当加强对林业、储粮、卫生用农药的安全、合理使用的指导。

菜农作为农药的直接使用者应承担下列义务：

（1）应当遵守农药防毒规程，正确配药、施药，做好废弃物处理和安全防护工作，防止农药污染环境和农药中毒事故。

（2）应当遵守国家有关农药安全、合理使用的规定，按照规定的用药量、用药次数、用药方法和安全间隔期施药，防止污染农副产品。

剧毒、高毒农药不得用于防治卫生害虫，不得用于蔬菜、瓜果、茶叶和中草药材。

（3）使用农药应当注意保护环境、有益生物和珍稀物种。严禁用农药毒鱼、虾、鸟、兽等。

任何单位和个人不得生产、经营和使用国家明令禁止生产或者撤销登记的农药。

二、兽药使用的法律规定

1. 用药记录制度 兽药使用单位，应当遵守兽药安全使用规定，建立用药记录。有休药期规定的兽药用于食用动物时，饲养者应当向购买者或者屠宰者提供准确、真实的用药记录；购买者或者屠宰者应当确保动物及其产品在用药期、休药期内不被用于食品消费。

2. 对药物饲料添加剂管理的规定 经批准可以在饲料中添加的兽药，应当由兽药生产企业制成药物饲料添加剂后方可添加。禁止将原料药直接添加到饲料及动物饮用水中或者直接饲喂动物。

3. 兽药使用的禁止性规范

（1）禁止使用假、劣兽药以及国务院兽医行政管理部门规定禁止使用的药品和其他化合物。

（2）禁止在饲料和动物饮用水中添加激素类药品和国务院兽医行政管理部门规定的其他禁用药品。

（3）禁止将人用药品用于动物。

4. 不良反应报告制度 国家实行兽药不良反应报告制度。兽药生产企业、经营企业、兽药使用单位和开具处方的兽医人员发现可能与兽药使用有关的严重不良反应，应当立即向所在地人民政府兽医行政管理部门报告。

5. 许可证管理制度 兽药生产企业、经营企业停止生产、经营超过6个月或者关闭的，由原发证机关责令其交回兽药生产许可证、兽药经营许可证，并由工商行政管理部门变更或者注销其工商登记。禁止买卖、出租、出借兽药生产许可证、兽药经营许可证和兽药批准证明文件。

学习任务5 饲料和饲料添加剂的经营和使用规定

任务描述

为了加强对饲料、饲料添加剂的管理，提高饲料、饲料添加剂的质量，保障动物产品质量安全，维护公众健康，国家制定了《饲料和饲料添加剂管理条例》（简称《条例》），并且于2016年2月进行了第三次修正。

案例 12-5

农民张某开办了一家养鸡场，经营红红火火。在饲养过程中摸索出一个有效的饲料配方。张某想将自己的配方饲料推广使用，进一步获取更大效益，但不知道这样做是否符合规定。

评 析

《饲料和饲料添加剂管理条例》规定，养殖者使用自行配制的饲料须遵守相关规定，并不得对外提供自行配制的饲料。

一、饲料、饲料添加剂经营者的条件和义务

1. 经营主体的条件 根据《饲料和饲料添加剂管理条例》第二十二条的规定，经营饲料、饲料添加剂的企业应当具备的基本条件包括三个方面：

（1）有与经营饲料、饲料添加剂相适应的经营场所和仓储设施。

（2）有具备饲料、饲料添加剂使用、储存等知识的技术人员。

（3）有必要的产品质量管理和安全管理制度。

2. 经营主体的义务 饲料和饲料添加剂经营者在经营过程中，必须履行《条例》第二十三条规定的以下四项基本义务：

（1）进货时应当查验产品标签、产品质量检验合格证和相应的许可证明文件。

（2）不得对饲料、饲料添加剂进行拆包、分装，不得对饲料、饲料添加剂进行再加工或者添加任何物质。

（3）禁止经营及使用国务院农业行政主管部门公布的饲料原料目录、饲料添加剂品种目录和药物饲料添加剂品种目录以外的任何物质生产饲料。

（4）饲料、饲料添加剂经营者应当建立产品购销台账，如实记录

购销产品的名称、许可证明文件编号、规格、数量、保质期、生产企业名称或者供货者名称及其联系方式、购销时间等。购销台账保存期限不得少于2年。

二、饲料和饲料添加剂的使用规定

1. 养殖者的安全使用要求

（1）养殖者应当按照产品使用说明和注意事项使用饲料。在饲料或者动物饮用水中添加饲料添加剂的，应当符合饲料添加剂使用说明和注意事项的要求，遵守国务院农业行政主管部门制定的饲料添加剂安全使用规范。

（2）养殖者使用自行配制的饲料的，应当遵守国务院农业行政主管部门制定的自行配制饲料使用规范，并不得对外提供自行配制的饲料。

（3）使用限制使用的物质养殖动物的，应当遵守国务院农业行政主管部门的限制性规定。禁止在饲料、动物饮用水中添加国务院农业行政主管部门公布禁用的物质以及对人体具有直接或者潜在危害的其他物质，或者直接使用上述物质养殖动物。禁止在反刍动物饲料中添加乳和乳制品以外的动物源性成分。

2. 禁止使用违反规定的饲料、饲料添加剂制度 《条例》第二十九条规定，禁止生产、经营、使用未取得新饲料、新饲料添加剂证书的新饲料、新饲料添加剂以及禁用的饲料、饲料添加剂。

禁止经营、使用无产品标签、无生产许可证、无产品质量标准、无产品质量检验合格证的饲料、饲料添加剂。禁止经营、使用无产品批准文号的饲料添加剂、添加剂预混合饲料。禁止经营、使用未取得饲料、饲料添加剂进口登记证的进口饲料、进口饲料添加剂。

3. 安全公告、报告制度 《条例》第二十七条规定，饲料、饲料添加剂在使用过程中被证实对养殖动物、人体健康或者环境有害的，由国务院农业行政主管部门决定禁用并予以公布。

如果生产企业发现其生产的饲料、饲料添加剂对养殖动物、人体健康有害或者存在其他安全隐患的，应当立即停止生产，通知经营者、使用者，向饲料管理部门报告，主动召回产品，并记录召回和通知情况。召回的产品应当在饲料管理部门监督下予以无害化处理或者销毁。

如果经营者发现其销售的饲料、饲料添加剂具有上述情形的，应当立即停止销售，通知生产企业、供货者和使用者，向饲料管理部门报告，并记录通知情况。

如果养殖者发现其使用的饲料、饲料添加剂具有上述情形的，应当立即停止使用，通知供货者，并向饲料管理部门报告。

单 元 小 结

国家在耕地保护方面，实行耕地总量动态平衡制度、耕地占补平衡制度、耕地转用审批制度、基本农田保护制度、禁止弃耕抛荒制度。

林权是指森林、林木和林地的所有权和使用权。按我国法律规定，林权主体包括国家、集体、机关团体和公民个人。林权由县级政府登记注册，核发证书，确认所有权或使用权。森林法规定了国家对林农的权益进行保护，规定了对森林资源的保护措施。农民对森林资源承担相应的义务和责任。禁止毁林开垦和毁林采石、采砂、采土以及其他毁林行为；禁止在幼林地和特种用途林内砍柴、放牧；进入森林和森林边缘地区的人员，不得擅自移动或者损坏为林业服务的标志。禁止猎捕林区内列为国家保护的野生动物。采伐林木必须申请采伐许可证，按许可证的规定进行采伐；农村居民采伐自留地和房前屋后个人所有的零星林木除外。

国家鼓励全民所有制单位、集体所有制单位和个人充分利用适于养殖的水域、滩涂，发展养殖业。从事养殖业的要取得养殖许可证、从事捕捞业的要取得捕捞许可证，相关主体应承担渔业资源增殖和保护义务。

农药的安全、合理使用关系到农业环境和公民健康，因此农民在使用农药时须注意遵守法律规定的义务。在兽药使用方面，使用单位应当遵守兽药安全使用规定，并建立用药记录。国家对药物饲料添加剂有相应的管理规定、有兽药使用的禁止性规范。国家建立了兽药不良反应报告制度，并对生产经营企业实行许可证管理制度。

饲料、饲料添加剂的经营、使用也必须遵守相关的法规规定，保证动物产品质量安全、维护公众健康。

复习思考题

1. 我国在保护耕地方面有哪些制度?
2. 哪些耕地属于基本农田保护区?
3. 禁止闲置、荒芜耕地的主要规定有哪些?
4. 为保护森林资源，法律禁止实施哪些行为?
5. 什么是林木采伐许可证制度?
6. 养殖业制度主要内容是什么?
7. 捕捞许可证的颁发条件是什么?
8. 从事渔业捕捞须遵守哪些义务?
9. 农民使用农药时应承担哪些义务?
10. 农民使用兽药时须遵守哪些禁止性规范?
11. 饲料和饲料添加剂的安全使用有什么要求?

第十三单元 动植物检疫和农产品质量安全法律制度

学习任务1　动物防疫制度

任务描述

为保证动物健康及产品的安全，国家规定了动物检疫制度。农民在饲养动物过程中应注意的义务，国家规定了发现动物疫情后的报告、通报和公布制度，动物疫情出现后要及时控制和扑灭，动物检疫应当遵守产地检疫和屠宰检疫的规定，动物防疫以预防为主，对在动物疫病预防和控制、扑灭过程中强制扑杀的动物、销毁的动物产品和相关物品，以及因依法实施强制免疫造成动物应激死亡的，给予补偿。

案例 13－1

某地兽医卫生监督所执法人员在进村检查时，当场查获乔某经营未经检疫的猪肉。依据当地动物防疫条例的规定，执法人员即责令乔某携未经检疫的猪肉当日到指定地点补检，但乔某置若罔闻，拒绝补检。执法机构对其做出行政处罚，责令其停止经营并罚款1 500元。在法定期限内，乔某既未提起行政诉讼，也未申请行政复议，执法机构即向人民法院申请强制执行。法院对乔某进行了说服教育，仍被乔某拒绝，结果乔某受到司法拘留的处罚。

评 析

国家为有效防控动物疫病，保障动物产品质量安全，对动物检疫有明确的制度规定，此案中的乔某违反了屠宰检疫的有关规定，执法人员有权对其采取行政处罚措施，拒不服从的，只能受到更为严厉的处罚。

一、饲养动物的注意事项

1. 强制免疫 饲养动物的单位和个人应当依法履行动物疫病强制免疫义务，按照兽医主管部门的要求做好强制免疫工作。

2. 加施畜禽标识 经强制免疫的动物，养殖者应当按照国务院兽医主管部门的规定加施畜禽标识。

3. 消毒 从事动物饲养、屠宰、经营、隔离、运输以及动物产品生产、经营、加工、贮藏等活动的单位和个人，应当依照新《中华人民共和国动物防疫法》（简称“动物防疫法”）和国务院兽医主管部门的规定，做好消毒等工作。

4. 符合动物防疫条件 动物饲养场（养殖小区）和隔离场所，动物屠宰加工场所，以及动物和动物产品无害化处理场所，应当符合动物防疫条件，并依法取得动物防疫条件合格证。

经营动物、动物产品的集贸市场应当具备国务院兽医主管部门规定的动物防疫条件，并接受动物卫生监督机构的监督检查。

5. 符合健康标准 种用、乳用动物和宠物应当符合国务院兽医主管部门规定的健康标准。

6. 符合防疫要求 动物、动物产品的运载工具、垫料、包装物、容器等应当符合国务院兽医主管部门规定的动物防疫要求。

染疫动物及其排泄物、染疫动物产品，病死或者死因不明的动物尸体，运载工具中的动物排泄物以及垫料、包装物、容器等污染物，应当按照国务院兽医主管部门的规定处理，不得随意处置。

二、动物疫情的报告、通报和公布

（一）动物疫情的报告

1. 动物疫情的责任报告人 具有动物疫情报告义务的单位和个

人，主要包括从事动物疫情监测、检验检疫、疫病研究、动物诊疗、动物饲养、动物屠宰、动物经营、动物隔离、动物运输的单位和个人。责任报告人以外的其他单位和个人，发现动物染疫或者疑似染疫的，也有报告动物疫情的义务，但他们与责任报告人在承担不报告动物疫情的法律责任不同。

在此特别提醒：农民作为动物饲养人，是有义务报告动物疫情的。

2. 动物疫情的报告时机 报告时机是“发现动物染疫或者疑似染疫”时，即发现动物出现发病急或者连续发病，传播快、死亡率高或者连续死亡，生产性能下降明显、常规治疗和防控措施无效等异常情况。染疫是指动物患传染性疾病；疑似染疫，是指尚未确诊，但有症状或症候表明动物可能染疫。

3. 接受动物疫情报告的部门 包括当地兽医主管部门、当地动物卫生监督机构和动物疫病预防控制机构。动物疫情报告实行“方便报告人”原则，即由报告人选择向某一机构报告，而不是向三个机构都报告。非上述三个机构的其他单位和个人获取有关动物疫情信息的，应当立即向当地三个兽医机构之一报告，并移送有关材料。

4. 采取控制措施 在疫情报告阶段，采取控制措施包括两方面：一是责任报告人在报告动物疫情的同时，应当采取将染疫、疑似染疫动物与其他动物隔离、不得出售等措施，做到防止动物疫情扩散。二是当地兽医主管部门、动物卫生监督机构或者动物疫病预防控制机构中的任何单位应当立即派技术人员以及动物卫生监督执法人员赶赴现场，按有关规定及时采取必要的行政和技术控制处理措施。在动物疫情报告阶段，对于是否扑杀染疫动物及同群动物，应当采取慎重的态度。如果疑似重大动物疫情，应当按照《重大动物疫情应急条例》以及农业部的有关规定，报请当地县级以上人民政府做出封锁决定并采取扑杀、销毁等措施，有关单位和个人应当执行。

（二）动物疫情的通报和公布

动物疫情信息是重要的社会公共信息，不仅影响养殖业，还事关社会稳定和国际影响。对动物疫情的知情权，是公民的一项重要权利，让公民知晓动物疫情是政府应尽的义务。

动物疫情的公布权在国务院兽医主管部门（即农业部），农业部也可以根据需要，视动物疫病种类及其危害等情况，授权省、自治区、直辖市人民政府兽医主管部门公布本行政区域内的动物疫情。公布的方式包括报纸、杂志、电视、电台、网络等。

其他任何单位和个人不得擅自发布动物疫情信息。擅自发布动物疫情信息的，将受到法律制裁，承担相应的法律责任。

三、动物疫情的控制和扑灭

1. 一类动物疫病的控制和扑灭 发生一类动物疫病时应当采取下列控制、扑灭措施。

（1）划定疫点、疫区、受威胁区。

（2）调查疫源。当地县级以上地方人民政府兽医行政主管部门应当立即派人到现场，调查疫源，查明动物疫病的发病原因；对不能查明的应当做出科学的判断。

（3）下达封锁令。封锁既是切断传播途径的重要技术措施，又是严厉的行政措施，在封锁期间，禁止染疫、疑似染疫和易感染的动物、动物产品流出疫区，禁止非疫区的易感染动物进入疫区。

（4）采取封锁、隔离、扑杀、销毁、消毒、无害化处理、紧急免疫接种等强制性措施，迅速扑灭疫病。

2. 二类动物疫病的控制和扑灭 发生二类动物疫病时，由当地县级以上人民政府根据需要来决定是否采取封锁、隔离、扑杀、销毁、消毒、无害化处理、紧急免疫接种、限制易感染的动物和动物产品及有关物品出入等控制、扑灭措施。农业部规定必须扑杀的，当地县级以上人民政府必须决定采取扑杀措施。二类动物疫病，通常不封锁疫区；对同群动物，通常不采取扑杀措施。

发生二类动物疫病时，由于不一定采取扑杀，所以隔离措施就十分重要。与发生一类动物疫病时的隔离不同，此处的隔离，是将未被扑杀的染疫动物、疑似染疫动物及其同群动物与其他动物分开，应另选独立的封锁场所，按农业部规定的防治技术规范进行接种和治疗等，防止传染其他动物。其他措施同一类动物疫病的处理措施。

3. 三类动物疫病的控制和扑灭 发生三类动物疫病时，县、乡（镇）人民政府应当按照农业部的规定，组织防疫部门及动物养殖者等进行防治和净化。发生三类动物疫病时的防控措施，主要是针对疫点进行。通常首先是隔离，禁止该疫点动物及其产品出售；其次，采取消毒、药物治疗、免疫等措施；再次，如果效果不好，因继续饲养往往得不偿失，建议养殖者对动物急宰、作排酸等无害化处理。

4. 重大动物疫情的控制和扑灭 近年来，全球重大动物疫病屡屡发生，我国一些地区也相继发生了高致病性禽流感、高致病性蓝耳病等重大动物疫情，给养殖业生产造成了沉重打击，严重威胁着人体健康。根据《重大动物疫情应急条例》的规定，重大动物疫情是指高致病性禽流感等发病率、死亡率高的动物疫情以及其他一、二、三类动物疫病突然发生、迅速传播，给养殖业生产安全造成严重威胁、危害，以及可能对公众身体健康与生命安全造成危害的情形，包括特别重大动物疫情。

四、动物检疫

（一）产地检疫

产地检疫是指动物、动物产品在出售或调运离开产地前由法定检疫人员实施的检疫。对于一般供屠宰的动物，以临床检查为主；对于种用、乳用、实验和役用动物，除临床检查外，尚需按规定进行实验室检验。

（二）屠宰检疫

被宰动物在进入屠宰场点时，由动物卫生监督机构派驻的检疫人员对动物的数量、免疫标识、临床状况、运载工具牌号进行检查、登记，向畜主索要检疫证明和运载工具消毒证明进行核对，对没有检疫证明、检疫证明无效、证物不符等情况的动物进行处理，对运载工具实施消毒。

1. 宰前检疫 宰前检疫指动物在进入待宰圈和屠宰前期间，对待宰动物所进行的动、静、饮食等状态的临床检查，剔出异常个体做进一步隔离观察，对健康动物准予屠宰的过程。依据相关规定：畜禽屠宰临宰前应行12～24小时断食休息，但需充分给水至宰前3小时为止。家畜在宰前应进行测温和临床观察，家禽及家兔一般只做临床观察，必要时均可进行细菌学检验、血清学检验和变态反应。

宰前检疫后的处理。主要包括：①准宰：经检疫确定为健康的动物，准予屠宰。②禁宰：凡国家禁宰或命令保护的动物一律禁止屠宰，按有关规定移交处理。确诊为烈性传染病的动物，一律不准屠宰，按《病害动物和病害动物产品生物安全处理规程》（GB 16548—2006）处理。③急宰：确认为无碍食肉安全、患普通病或一般性传染病的动物，应送往急宰间急宰。④缓宰：经检疫确认为一般性传染病和其他疾病且有治愈希望的，或者有疑似传染病而未确诊的动物应预缓宰。⑤扑杀销毁：凡疑似或确诊为口蹄疫、高致病性禽流感等传染病的动物应立即扑杀销毁。

2. 宰后检疫 宰后检疫是指对进入屠宰间的动物在屠宰加工过程中实施的同步检疫。宰后检疫是利用解剖学技术对动物屠宰后的胴体、内脏、头、蹄，甚至皮张等实行的同时、等速、对照的集中检验，以发现处于潜伏期或症状不明显的患病动物的过程。

五、动物防疫的保障措施

县级以上人民政府按照本级政府职责，将动物疫病预防、控制、扑灭、检疫和监督管理所需经费列入本级财政预算。动物防疫工作预防为主，常备不懈。县级以上人民政府应当储备动物疫情应急处理工作所需的防疫物资。包括：①药品、医疗机械和储备；②其他物资的储备、隔离、卫生防护用品、消毒设备等。

对在动物疫病预防和控制、扑灭过程中强制扑杀的动物、销毁的动物产品和相关物品，县级以上人民政府应当给予补偿。因依法实施强制免疫造成动物应激死亡的，给予补偿。具体补偿标准和办法由国务院财政部门会同有关部门制定。动物防疫补偿有利于帮助当事人维持生活和恢复生产，从而使当事人积极配合控制疫情。

动物防疫补偿的范围包括在动物疫病控制、扑灭中的下列情形：①强制扑杀的动物；②销毁的动物产品和相关的物品；③依法实施强制免疫造成应激死亡的动物。动物防疫补偿由县级以上人民政府给予，列入财政预算。补偿标准和办法由国务院财政部门会同有关部门制定。

学习任务2　植物检疫制度

任务描述

本小节主要介绍植物调运检疫和产地检疫以及发生植物疫情的处理措施。调运检疫是植物检疫机构对种子、苗木及应施检疫的植物及植物产品，在调运过程中进行的检疫。产地检疫是植物检疫机构对种子、苗木及植物、植物产品生产过程中的检疫。发生植物疫情划定疫区和保护区、采取封锁、消灭措施、开展植物检疫检查。

案例 13－2

农业植物检疫人员在某水稻种子经销商的门市部和仓库检查时，发现其门市部和仓库中存放的2 000千克种子不能出示《植物检疫证书》。执法人员对此进行立案，对当事人进行了询问、抽取了当事人身份证复印件、当事人营业执照、进货凭证和销售凭证作为证据，并对现场进行勘验，留下勘验笔录。

评 析

植物检疫条例规定：对于未依照本条例规定办理植物检疫证书或者在报检过程中弄虚作假的、伪造、涂改、买卖、转让植物检疫单证、印章、标志、封识的行为，植物检疫机构应当责令纠正，可以处以罚款；造成损失的，应当负责赔偿；构成犯罪的，由司法机关依法追究刑事责任。尚不构成犯罪的，植物检疫机构可以没收非法所得。

一、植物检疫概述

植物检疫制度主要包括调运检疫、产地检疫和国外引种检疫，目的是通过实施这些制度确保国外引进和国内调运的植物、植物产品不传带检疫性有害生物。农业植物检疫范围包括粮、棉、油、麻、桑、茶、糖、烟、果（干果除外）、药材、花卉、牧草、绿肥、热带作物等植物，植物的各部分，包括种子、块根、块茎、球茎、鳞茎、接穗、砧木、试管苗、细胞繁殖体等繁殖材料，以及来源于上述植物、未经加工或者虽经加工但仍有可能传播疫情的植物产品。

1. 调运检疫 调运检疫是植物检疫机构对种子、苗木及应施检疫的植物及植物产品，在调运过程中进行的检疫。它可以防止检疫性病、虫、杂草随植物及其产品的调运而传播蔓延，保护广大未发生地区。省间调运植物、植物产品，有以下情况必须实施检疫：

（1）凡种子、苗木和其他繁殖材料，不论是否列入应施检疫的植物、植物产品名单和运往何地，在调运前，都必须经过检疫。

（2）列入全国和省、自治区、直辖市应施检疫的植物、植物产品名单的植物产品，运出发生疫情的县级行政区域之前，必须经过检疫。

(3) 对可能受疫情污染的包装材料、运载工具、场地、仓库等也应实施检疫。

植物检疫机构按下列不同情况签发检疫证书：

(1) 在无植物检疫对象发生地区调运植物、植物产品，经核实后签发植物检疫证书。

(2) 在零星发生植物检疫对象的地区调运种子、苗木等繁殖材料时，应凭产地检疫合格证签发植物检疫证书。

(3) 对产地植物检疫对象发生情况不清楚的植物、植物产品，必须按照《农业植物调运检疫规程》(GB 15569—2009) 进行检疫，证明不带植物检疫对象后，签发植物检疫证书。

在上述调运检疫过程中，发现有检疫对象时，必须严格进行除害处理，合格后签发植物检疫证书；未经除害处理或处理不合格的，不准放行。

2. 产地检疫 产地检疫是植物检疫机构对种子、苗木及植物、植物产品生产过程中的检疫，包括生长期间的田间检疫检验和必要的室内检验。调运时凭产地检疫合格证换取植物检疫证书。

产地检疫的重点是原种场、良种场、苗圃以及其他繁育基地。种苗繁育单位或个人必须有计划地在无植物检疫对象分布的地区建立种苗繁育基地。新建的良种场、原种场、苗圃等，在选址以前，应征求当地植物检疫机构的意见；已经发生检疫对象的良种场、原种场、苗圃等，应立即采取有效措施封锁消灭。在检疫对象未消灭以前，所繁育的材料不准调入未发生区；经过严格除害处理并经植物检疫机构检疫合格的，可以调运。

试验、示范、推广的种子、苗木和其他繁育材料，必须事先经过植物检疫机构检疫，查明确实不带植物检疫对象的，发给植物检疫证书后，方可进行试验、示范和推广。

二、发生植物疫情的处理措施

1. 划定疫区和保护区 局部地区发生植物检疫对象的，应划为疫区，采取封锁、消灭措施，防止植物检疫对象传出；发生地区已比较普遍的，则应将未发生地区划为保护区，防止植物检疫对象传入。

疫区应根据植物检疫对象的传播情况、当地的地理环境、交通状况以及采取封锁、消灭措施的需要来划定，其范围应严格控制。

2. 采取封锁、消灭措施 划定疫区和保护区，要同时制定相应的封锁、控制、消灭或保护措施。疫区内的种子、苗木及其他繁殖材料和应施检疫的植物、植物产品，只限在疫区内种植、使用，禁止运出疫区；如因特殊情况需要运出疫区的，必须事先征得所在地省级植物检疫机构批准，调出省外的，应经农业部批准。

3. 开展植物检疫检查 在发生疫情的地区，植物检疫机构可以派人参加当地的道路联合检查站或者木材检查站；发生特大疫情时，经省、自治区、直辖市人民政府批准，可以设立植物检疫检查站，开展植物检疫工作。

调入地植物检疫机构，对来自发生疫情的县级行政区域的应检植物、植物产品，或者其他有可能带有检疫对象的应检植物、植物产品可以进行复查。复检中发现问题的，应当与原签证植物检疫机构共同查清事实，分清责任，由附近的植物检疫机构按照《中华人民共和国植物检疫条例》（简称“植物检疫条例”）的规定予以处理。

针对疫情发生和传播情况，植物检疫机构可以组织专门的检查，如种子市场检查、水果批发市场检查等，并对违法行为进行处罚，促进植物检疫规定的执行。

学习任务 3　农民的农产品质量安全义务

任务描述

农民对农产品质量安全担负重要义务，应当按规定合理使用投入品。肥料、农药、兽药、饲料和饲料添加剂建立生产记录、开展自检自测。农产品包装和标识也必须符合规定，上市销售的农产品必须符合质量安全标准，五类不符合农产品质量安全标准的农产品禁止上市销售。

案例 13－3

村民刘某在豆芽生产过程中使用无根豆芽素 8503AB 粉浸泡豆子生产豆芽，当地县农牧局做出处罚决定：①没收用于生产豆芽的投入品无根豆芽素 320 支、8503AB 粉剂 2 包、无名消毒剂 6 包；②罚款 5 000 元人民币。

评 析

农产品的生产者要合理使用投入品、肥料、农药、兽药、饲料和饲料添加剂等，不当使用会严重影响农产品质量安全。刘某的行为已违反了《中华人民共和国农产品质量安全法》的有关规定，对于其违法行为，执法机关有权查处并依法进行处罚。

一、农产品生产者的义务

1. 合理使用投入品肥料、农药、兽药、饲料和饲料添加剂等 农业投入品使用不当，会给农产品质量安全带来严重影响。近年来，农业投入品不当使用问题已经成为影响我国农产品质量安全的一个重大隐患。因此，农产品生产者必须按照规定，合理使用化肥、农药、兽药、饲料和饲料添加剂等农业投入品，严格执行农业投入品使用安全间隔期或者休药期的规定，防止因违反规定使用农业投入品而危及农产品质量安全。

2. 建立生产记录 建立生产记录，既有利于生产过程控制，推进标准化生产，也有利于农产品质量安全问题的追溯和责任追究，农产品生产企业和农民专业合作经济组织应当建立农产品生产记录，如实记载使用农业投入品的名称、来源、用法用量和使用、停用日期等有关情况、动物疫病和植物病虫草害的发生和防治情况，以及收获、屠宰或者捕捞的日期等情况。

3. 开展自检自测 农产品生产企业和农民专业合作经济组织，应当自行或者委托检测机构对农产品质量安全状况进行检测。经检测不符合农产品质量安全标准的农产品，不得销售。

农业生产者违反上述义务的，应当改正；逾期不改正的，将被处以罚款。

二、农产品包装和标识

（一）农产品包装

农产品生产企业、农民专业合作经济组织以及从事农产品收购的单位或者个人应遵守农产品包装规定。对一家一户生产、农民自产自销的农产品，法律没有提出包装要求。

1. 必须包装后才能销售的产品

（1）获得无公害农产品、绿色食品、有机农产品等认证的农产品。对于其中一些鲜活产品，如活畜、活禽、活鱼、活虾等，由于包装比较困难，作为例外也可以不包装，由生产经营者根据市场消费需求采取适当的方式销售。

（2）省级以上人民政府农业行政主管部门规定的其他需要包装销售的农产品。

2. 包装要求

（1）农产品包装应当符合农产品储藏、运输、销售及保障安全的要求，便于拆卸和搬运。

（2）包装农产品的材料和使用的保鲜剂、防腐剂、添加剂等物质必须符合国家强制性技术规范要求。

（3）对农产品进行包装时，应当防止机械损伤和二次污染。

（二）农产品标识

农产品标识指用文字、符号、数字、图案及相关说明表达农产品的生产信息、质量安全信息和消费信息的活动。农产品生产企业、农民专业合作经济组织以及从事农产品收购的单位或者个人三类主体承担标识义务，除此之外的其他农产品生产经营者没有对农产品进行标识的法律义务。

1. 标识产品范围 与包装产品有所不同，标识产品的范围限定在无公害农产品、绿色食品、有机农产品等获得认证的农产品，上述三类主体销售的所有农产品都必须标识。

2. 标识要求

（1）包装销售的农产品应当在包装物上标注或者附加标识标明品名、产地、生产者或者销售者名称、生产日期、保质期；有分级标准的，应当标明产品质量等级；使用添加剂的还应当标明添加剂的名称。

（2）未包装的农产品，应当采取附加标签、标识牌、标识带、说明书等形式标明农产品的品名、生产地、生产者或者销售者名称等内容。

（3）农产品标识所用文字应当使用规范的中文，标识标注的内容应当准确、清晰、显著。

（4）销售获得无公害农产品、绿色食品、有机农产品等质量标志使用权的农产品，应当标注相应标志和发证机构，不得冒用无公害农产品、绿色食品、有机农产品等质量标志。

（5）畜禽及其产品、属于农业转基因生物的农产品，还应当按照有关法律、法规和规章的要求进行标识。

三、农产品市场准入的条件

农产品市场准入的条件：一方面，要求上市销售的农产品必须符合农产品质量安全标准；另一方面，明确禁止以下五类不符合农产品质量安全标准的农产品上市销售：

（1）含有国家禁止使用的农药、兽药或者其他化学物质的。

（2）农药、兽药等化学物质残留或者含有的重金属等有毒有害物质不符合农产品质量安全标准的。

（3）含有的致病性寄生虫、微生物或者生物毒素不符合农产品质量安全标准的。

（4）使用的保鲜剂、防腐剂、添加剂等材料不符合国家有关强制性的技术规范的。

（5）其他不符合农产品质量安全标准的。

单 元 小 结

动物防疫包括动物疫病的预防、控制、扑灭和动物、动物产品的检疫。在动物疫病的预防方面，国家实行强制免疫制度。动物疫情的报告责任人应严格遵守报告时机、程序、采取规定的控制措施，只有农业部或其授权的省、自治区、直辖市人民政府兽医主管部门有权公布本行政区域内的动物疫情。在动物疫情的控制和扑灭方面，可以分为一类、二类、三类和重大动物疫情的控制和扑灭级别，分别采取不同程度的控制和扑灭措施。

在动物和动物产品的检疫方面，实行产地检疫和屠宰检疫制度，产地检疫是指动物、动物产品在出售或调运离开产地前由法定检疫人员实施的检疫。屠宰检疫是指动物卫生监测机构对用于屠宰的动物在被宰前、宰后所实施的检疫。县级人民政府和乡级人民政府应当采取有效措施，对动物防疫的机构、人员和物资等加以保障。对动物防疫过程中受到损失的当事人应给予必要的补偿。

植物检疫制度主要包括调运检疫、产地检疫和国外引种检疫，目的是通过实施这些制度确保国外引进和国内调运的植物、植物产品不传带检疫性有害生物。

为加强农产品质量安全的管理，我国已颁布《中华人民共和国农产品质量安全法》，农产品的生产者应遵守相关义务、农产品的包装和标识应遵守规定，农产品进入市场要遵守准入的条件。

复习思考题

1. 动物饲养人在动物防疫方面有哪些注意义务？
2. 在动物疫情报告阶段，应当如何采取控制措施？
3. 动物屠宰检疫有哪些主要规定？
4. 动物防疫补偿范围包括哪些？
5. 什么是植物的调运检疫？什么是植物的产地检疫？
6. 发生植物疫情应如何处理？
7. 农产品生产者有哪些质量安全义务？
8. 哪些农产品必须包装后才能销售？
9. 哪些农业主体承担农产品标识义务？
10. 哪些农产品禁止上市销售？

主要参考文献

毕家美，2008. 农民专业合作社培训教材 [M]. 北京：中国农业出版社.

丁翠英，马力群，2010. 刑事诉讼法教程 [M]. 北京：中国人民公安大学出版社.

法律出版社，2011. 中华人民共和国宪法 [M]. 第 2 版. 北京：法律出版社.

法律出版社法规中心，2009. 中华人民共和国农村土地承包法案例解读本 [M]. 北京：法律出版社.

付丽洁，2007. 法律基础与农村政策法规 [M]. 北京：中国农业出版社.

顾功耘，2006. 经济法教程 [M]. 北京：上海人民出版社.

郭海霞，2010. 农村法律大讲堂——农业生产资料法律知识 [M]. 北京：中国农业出版社.

何宝玉，2002. 中华人民共和国农村土地承包法释义及实用指南 [M]. 北京：中国民主法制出版社.

黄河，马治选，2005. 土地法教程（高等政法院校规划教材）[M]. 北京：中国政法大学出版社.

黄京平，2007. 刑法案例教程 [M]. 上海：复旦大学出版社.

江松，2001. 新婚姻法教程 [M]. 北京：中国物价出版社.

姜明安，2015. 行政诉讼法教程 [M]. 北京：中国法制出版社.

寇晓慧，邵伟军，2014. 经济法教程 [M]. 北京：中国财政出版社.

李金霞，樊丰，2008. 农民专业合作社管理教程 [M]. 太原：山西经济出版社.

刘亚平，1999. 刑法分则案例教程 [M]. 北京：中国政法大学出版社.

龙翼飞，陈群峰，2013. 民法案例教程 [M]. 北京：法律出版社.

鲁叔媛，2006. 民法案例教程 [M]. 北京：法律出版社.

罗丽，2014. 环境法教程 [M]. 北京：中国法制出版社.

邱金用，2000. 宪法教程 [M]. 北京：法律出版社.

阮齐林，1999. 刑法总则案例教程 [M]. 北京：中国政法大学出版社.

申长永，2010. 现代经济法教程 [M]. 北京：清华大学出版社/北京交通大学出版社.

石峰，2005. 民事诉讼法教程 [M]. 上海：上海大学出版社.

宋刚，刘阅春，2007. 婚姻与继承法教程 [M]. 北京：对外经济贸易大学出版社.

王灿发，2006. 环境与自然资源法案例教程 [M]. 北京：知识产权出版社.

王锴，2010. 宪法教程［M］. 北京：对外经济贸易大学出版社 .
王志亮，2004. 刑法分则案例教程［M］. 北京：北京大学出版社 .
幸平，黄伟东，蔺军山，2008. 农民专业合作社法律指南［M］. 西安：陕西人民出版社 .
张春生，1999. 中华人民共和国村民委员会组织法释义［M］. 北京：法律出版社 .
张贤钰，1999. 婚姻家庭继承法［M］. 北京：法律出版社 .
赵文生，1988. 婚姻法教程［M］. 北京：中央广播电视大学出版社 .

教学辅导大纲

一、课程说明

“三农”问题是国家法治建设过程中关注的一个重点。提高农民的法律素质包括提高农民的依法维权意识和技能，也包括加强农民的遵法守法观念。本课程旨在为农民普法提供有应用价值、有较强针对性的内容。通过相关法律知识的讲授，让农民掌握避免被坑被骗，有效维护自身权益的利器；也让农民了解基本的法律常识，避免因法盲而触犯法律。

本教材是针对农广校学员的知识结构和水平，在兼顾系统性、针对性、适用性和通俗性的原则下编写的。在法律基础部分，主要介绍了宪法与村民自治法、犯罪的成立条件及农村常见的犯罪行为、民事活动的一些基本规定及公民人身权利和财产权利的民法保护、合同的订立和履行、婚姻家庭和继承的法律规定、弱势群体的权益保障、与农民切身利益相关的产品质量法和消费者权益保护法、最后还讲述了纠纷处理程序方面的上访、人民调解、法律援助和打官司的程序等。在农村法规部分，主要讲述了农民专业合作社法、农村土地承包制度及纠纷仲裁、自然资源和农业生产资料的法律制度、动植物检疫和农产品质量安全法律制度。

（一）学习要求

1.《法律基础与农村法规》是一门系统性较强的课程　在本课程的教学内容体系中，既包含法律基础知识，又包含农村专业法律法

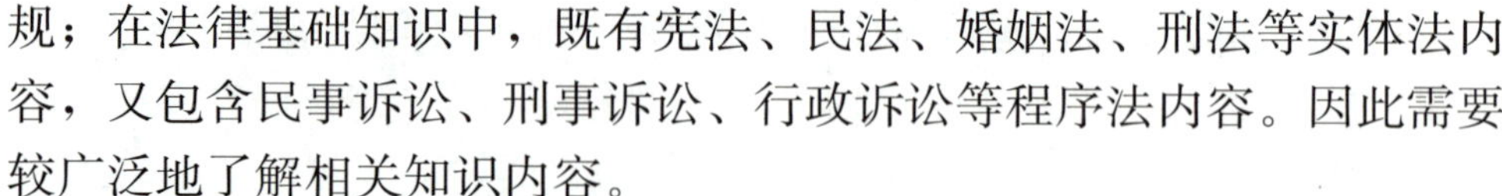

规；在法律基础知识中，既有宪法、民法、婚姻法、刑法等实体法内容，又包含民事诉讼、刑事诉讼、行政诉讼等程序法内容。因此需要较广泛地了解相关知识内容。

2.《法律基础与农村法规》又是一门实践性较强的应用科学 在生活中我们经常遇到各种各样的事件需要运用法律，在处理纠纷及相关事件过程中，应当理论联系实际，善于将法律的原则灵活运用在实际工作和生活中。

3. 结合案例学习法学理论知识，是一个值得提倡的学习方法 案例是更为生动的教材，有助于理解和掌握理论知识。

（二）课程特点

本课程为农民培训的公共基础课程，教材包含的法学门类虽然较为广泛，但要求学习掌握的深度有限，限于对常用的法律知识的学习和理解。理论联系实际是法律课程本身的特点，既体现在教材的编写和教学内容中，也应在学习方法中给予充分的注意和运用。

教学方法 《法律基础与农村法规》是一门理论性与实践性都很强的课程，建议讲授时结合生活实际分析现实中的问题与现象，结合案例讲授有助于学员的理解和记忆。

二、教学内容与要求

上篇 法律基础

教学目的 了解法学主要学科中的常用法律知识、法律原则、法律制度，提高自己的法律意识，学会遇到问题时从法律角度寻求解决的能力和技巧。

教学内容与要求 了解宪法、刑法、民法、婚姻法、弱势群体的权益保障法、产品质量保障、消费者权益保护法、信访、人民调解、法律援助以及三大诉讼等纠纷处理程序的法律各自调整的范围，以便遇到问题知道解决问题的门路所在。通过各部门法中相关知识点的讲解和介绍，掌握与农民利益关系密切的法律规定、制度内容。

教学、辅导、自学提示 法律基础部分涵盖了我国法学体系中常用的主要法学学科，各学科自成体系，内容较多，学习过程中只限于围绕教材中列举出的基础知识理解和掌握。可基于个人的兴趣与需求对相关知识进行拓展，但不作教学要求。

第一单元 宪法与村民自治法的基本规定

教学目的 了解宪法规定的国家根本制度与公民的基本权利义务，掌握村民自治法律制度中的具体规定。

教学内容与要求

知识点	重要程度	理解难易程度	教学要求	备注
国家的性质与人民代表大会制度	一般	容易	了解	
基本经济制度	一般	容易	了解	
公民的基本权利与义务	相对重点	容易	一般讲解	
村委会的地位、设立和职责	重点	难	重点讲授	
村民会议与村民代表会议的职权	重点	难	重点讲授	
村民合法权益受到侵害的救济	重点	难	重点讲授	

教学、辅导、自学提示 理解宪法的地位，它是一个国家的根本大法，规定国家根本制度，规定公民的基本权利和义务，具有最高的法律效力。所有其他的法律都是以宪法为依据制定的。

《村民委员会自治法》是保障村民实行自治，由村民依法办理自己事情，维护自身权益的法律依据。在村民自治制度中，应重点掌握村民委员会的地位、设立、组成和职责，重点掌握村民会议与村民代表会议的职权范围，重点理解和掌握村民合法权益受到侵害的救济途径。

第二单元 犯罪及其法律后果

教学目的 通过本单元学习，要求大家掌握犯罪成立的条件及法律后果，了解犯罪行为与违法行为的区别以及正当防卫行为与犯罪行为的区别，了解农村常见的犯罪行为。

教学内容与要求

知识点	重要程度	理解难易程度	教学要求	备注
犯罪与违法行为的区别	一般	容易	了解	
犯罪成立的条件	重点	较难	重点讲授	
正当防卫行为	一般	较难	重点讲授	结合案例
犯罪行为的法律后果	重点	容易	一般讲解	
危害公共安全的犯罪	一般	容易	一般讲解	
侵犯公民人身权利的犯罪	一般	容易	一般讲解	
侵犯财产权利的犯罪	重点	较难	重点讲授	结合案例

教学、辅导、自学提示　本单元主要讲述刑法的部分主要内容。刑法主要是规定什么行为是犯罪以及对犯罪行为如何处罚的法律规范。我国的刑法体系分为总则和分则两大部分。

犯罪与违法行为的区别、犯罪的成立条件、正当防卫行为均属于刑法总则中犯罪论的内容，它是学习刑法的基础。犯罪行为的法律后果主要讲述刑法总则中刑罚论的内容。

刑法分则主要是将形形色色的犯罪行为分为十大类，本单元只取部分加以介绍，掌握了这些罪名，可以举一反三，即使生活中遇到其他未在教材中讲述的犯罪，也可以在刑法分则的规定中找到问题的答案。关键是要学会如何结合总则与分则的规定，分析具体犯罪的成立要件，了解相应罪名的量刑幅度。

第三单元　民事活动的基本规定

教学目的　通过本单元学习，要求大家了解民法的调整范围与基本原则，掌握民法规定的公民实施民事行为的资格规定，了解法人到底是什么？掌握实施民事法律行为的注意事项及代理的相关规定，了解诉讼时效对公民打官司的时间要求。

教学内容与要求

知识点	重要程度	理解难易程度	教学要求	备注
民法的调整范围	一般	容易	了解	
民法的基本原则	重点	较难	重点讲授	
公民的民事权利能力	重点	容易	一般讲解	结合案例
法人的概念和特征	一般	容易	一般讲解	
公民实施民事法律行为的注意事项	重点	较难	重点讲授	结合案例
民事活动的代理	一般	容易	一般讲解	
诉讼时效的概念和规定	一般	容易	了解	结合案例

教学、辅导、自学提示 本单元主要讲述民法中的部分主要内容，民法与每个人的日常生活结合最为紧密，不论我们是否明确地意识到，日常生活中的现象、事件、纠纷需要用民法加以调整的范围非常广泛，因此学好民法的重要性不言而喻。

民法的内容也是分为总则与分论两大部分，本单元涉及的是民法总则中的内容，讲述民法的调整范围、基本原则、民事法律主体、民事法律行为等基本规定，它同样也是学好民法的基础。

调整民事法律关系的现行主要法律依据是《中华人民共和国民法通则》，由于民法所调整的法律关系的复杂性，通常的民法理论著作或教材都非常注重法言法语的规范性，本教材则力求能通俗讲解其主要概念和法律制度规定。所以学习过程中可以不追求死记硬背相关的概念，而重点放在理解其讲述的主要内容方面。

第四单元　民法对人身权利和财产权利的保护

教学目的 通过本单元学习，要求大家掌握民法保护的人身权的范围，侵害人身权的后果。掌握民法对财产权的保护的主要制度规定。了解订立合同的程序，掌握合同的主要条款及履行中常见问题的处理。了解侵权行为的常见类型及如何处理。

教学内容与要求

知识点	重要程度	理解难易程度	教学要求	备注
人身权的范围	一般	容易	了解	
侵害人身权的后果	重点	较难	重点讲授	结合案例
农民的集体所有权和个人财产所有权	一般	容易	一般讲解	
相邻关系	重点	容易	重点讲授	结合案例
农村的宅基地使用权	一般	容易	一般讲解	
合同的概念和特征	一般	容易	一般讲解	
合同订立的程序	一般	较难	一般讲解	
合同的主要条款及履行中常见问题的处理	重点	较难	重点讲授	
农村常见侵权行为	重点	较难	重点讲授	结合案例

教学、辅导、自学提示 民法分论包含内容非常广泛，可以分为物权、债权、知识产权等，由于本课教学特点所限，只能选取其中少部分重要内容。这些内容均为日常生活中常见、常用，所以学习过程中应侧重于相关法律制度、法律规定的理解和应用。

上述内容涉及物权、债权和侵权行为的相关法理与规定，由于内容相对简略，教学过程中无法深入讲解概念、原则和制度规定，如果工作和生活中需要了解更多、更深入的知识内容，可进一步参考其他相关法理知识的介绍读本。

第五单元　婚姻、家庭和遗产继承

教学目的 通过本单元学习，要求大家掌握结婚制度、离婚制度的法律规定。了解家庭关系及婚姻法所规定的救助措施和法律责任。掌握遗产继承的主要法律规定。

教学内容与要求

知识点	重要程度	理解难易程度	教学要求	备注
结婚制度	重点	较难	重点讲授	
家庭关系	一般	容易	一般讲解	
离婚制度	重点	较难	重点讲授	结合案例
救助措施与法律责任	重点	容易	一般讲解	

（续）

知识点	重要程度	理解难易程度	教学要求	备注
遗产继承概念	一般	容易	一般讲解	
遗产的继承方式	重点	较难	重点讲授	结合案例
继承的其他问题	一般	较难	一般讲解	

教学、辅导、自学提示 现实生活中并不是所有的婚姻都有效，要想维护自己在婚姻中的合法权益，保障婚姻的有效性是前提。家庭成员之间的权利义务关系除了有道德规范加以调整外，更要知晓法律规定的底限。随着城乡居民生活水平的提高和人们生活观念的日益开放，婚姻的稳定性也受到挑战，有些情况下，离婚成为不可避免。

要解决上述问题，就要了解法律对相关问题的规定，无论是结婚、离婚还是家庭关系，婚姻法都做了明确的规定，鉴于上述问题的重要性，本单元的讲解相对较为具体。

遗产继承问题很重要，纠纷也越来越多。如何化解纠纷？如何依法处理？掌握本部分内容会有所帮助。

第六单元　弱势群体的权益保障

教学目的 通过本单元学习，要求大家了解法律对妇女、未成年人、老年人、残疾人权益保护的特殊规定，掌握侵权行为应承担的法律责任。

教学内容与要求

知识点	重要程度	理解难易程度	教学要求	备注
妇女的财产、劳动和社会保障、人身权益	一般	容易	一般讲解	
妇女权益受侵害的救济	重点	容易	一般讲解	
未成年人的家庭、学校和社会保护	重点	较难	重点讲授	结合案例
老年人的家庭赡养与扶养	一般	容易	一般讲解	
侵害老年人合法权益的法律责任	重点	容易	一般讲解	
残疾人的教育权利	重点	一般	重点讲授	结合案例

（续）

知识点	重要程度	理解难易程度	教学要求	备注
残疾人的劳动就业权利	一般	一般	一般讲解	
残疾人的文化权利	一般	一般	一般讲解	
残疾人的社会保障权利	一般	一般	一般讲解	

教学、辅导、自学提示 妇女、未成年人、老年人、残疾人均处于社会上弱势群体的地位，故而国家制定特殊法律加以特殊保障。上述权益保障中对妇女和老年人的保护，在婚姻法等其他法律中也有所述及，且有部分内容是重复的，学习时可结合其他法律规定予以掌握。对未成年人的保护和残疾人的保护，在其他法律中重复较少，学习时应予以特别注意。

第七单元　产品质量的保障和消费者权益的保护

教学目的 通过本单元学习，要求大家了解法律为保障产品质量对经营者所作的主要规定，掌握生产者、销售者的保障产品质量义务，掌握违反产品质量法的法律责任。在消费者权益保护方面，学会并善于运用维权技巧，知晓并善于维护自己的合法权益。

教学内容与要求

知识点	重要程度	理解难易程度	教学要求	备注
产品质量监督管理制度	一般	容易	一般讲解	
生产者、销售者的产品质量义务	重点	较难	重点讲授	
违反产品质量法的责任	重点	较难	重点讲授	结合案例
消费者损害赔偿的追索	一般	容易	一般讲解	
消费者的权利	重点	容易	一般讲解	
经营者的义务	重点	一般	重点讲授	结合案例
消费者协会的职能	一般	一般	一般讲解	
争议的解决	重点	一般	重点讲授	结合案例
经营者的法律责任	一般	一般	一般讲解	

教学、辅导、自学提示 在经济法这一法律部门中，本单元选取了两部分内容，一是经营者的产品质量义务与责任，二是消费者权益的保护。两部分内容均与农民在现实生活中的利益联系紧密，故而要求在学习过程中能理论联系实际，结合身边的实例理解和掌握相关的法律知识，以提高维权意识和维权技能为目标。

第八单元 纠纷的妥善处理与理性维权

教学目的 通过本单元学习，掌握信访的主要法律规定，避免在现实中违法和盲从上访。了解人民调解制度、法律援助制度，以便在需要时进一步学习并掌握和运用。了解社会救助，学习该制度在农村的运用。

教学内容与要求

知识点	重要程度	理解难易程度	教学要求	备注
信访的事项和方式	一般	容易	一般讲解	
信访人的责任和义务	重点	较难	重点讲授	
违反信访规定的法律后果	重点	较难	重点讲授	结合案例
人民调解的适用范围	一般	容易	一般讲解	
调解组织和程序	重点	容易	一般讲解	
调解协议	重点	较难	重点讲授	结合案例
法律援助的范围	一般	一般	一般讲解	
法律援助的申请	重点	较难	重点讲授	
农村最低生活保障制度	一般	容易	一般讲解	
特困人员的供养制度	一般	容易	一般讲解	
受灾人员、医疗、教育救助	一般	容易	一般讲解	

教学、辅导、自学提示 本单元侧重于纠纷解决程序方面的规定，上述单元所介绍的许多权利和权利保护方面的规定，如果在现实中受到侵害，往往会考虑如何进行维权。除了后边将会讲述的司法程序通过打官司的途径解决纠纷外，也有许多非诉讼的纠纷解决途径。

信访和人民调解即是非诉讼的纠纷解决渠道，但许多人在选择这种方式，尤其是信访方式时，由于违反了相关的法律规定反而使自己的行为陷入违法的不利境地，所以学习本单元的相关规定，可以做到理性维权。

本单元还介绍了法律援助和社会救助的相关规定，前者是针对打官司有困难国家提供的法律帮助，后者是针对生活有特殊困难者提供的物质帮助。严格说它们不是纠纷的解决程序。但考虑教材编写结构的方便，一并归入本单元。

第九单元　如何打官司

教学目的　通过本单元学习，要求大家了解解决纠纷的司法途径。并掌握民事、刑事、行政三类诉讼各自的适用范围和基本的诉讼常识。

教学内容与要求

知识点	重要程度	理解难易程度	教学要求	备注
打官司的种类与适用范围	一般	容易	一般讲解	
打民事官司要找对门	重点	较难	重点讲授	
原告和被告须符合的条件	重点	较难	重点讲授	结合案例
民事起诉状的写法	一般	较难	重点讲授	
刑事诉讼中的辩护权与辩护方式	一般	容易	一般讲解	
辩护人的范围和责任	重点	一般	重点讲授	结合案例
辩护人的诉讼权利和义务	一般	一般	一般讲解	
行政诉讼中被告和原告的举证责任	重点	较难	重点讲授	结合案例
法院有权调取证据的情形	一般	一般	一般讲解	
证据的排除	一般	较难	一般讲解	

教学、辅导、自学提示　法律体系中的各法律部门可以分为实体法和程序法，本单元的内容即属于程序法。它不规定当事人权利义务的具体内容，不是判定是非所依据的标准，而是解决如何打官司过程中的一些具体程序问题。

三部诉讼法自成体系，内容繁杂，本单元只对最重要的基本规定作了初步介绍和讲解，期望大家通过本单元的学习能够了解打官司的程序。

民事诉讼的讲述重点放在起诉环节，刑事诉讼的讲述重点放在辩护环节，行政诉讼的重点放在举证环节。

下篇　农村法规部分

第十单元　农民专业合作社

教学目的　通过本单元的学习，要求大家了解农民专业合作社的主要法律规定，对于其业务范围和基本原则，如何设立、登记、解散和清算，如何治理，如何建立财产制度均有所了解。根据自身的工作和生活需要，择重点加以掌握。

教学内容与要求

知识点	重要程度	理解难易程度	教学要求	备注
农民专业合作社的业务范围和基本原则	一般	容易	一般讲解	
农民专业合作社的法人地位与设立条件	重点	较难	重点讲授	
农民专业合作社的登记、解散和清算	一般	较难	重点讲授	结合案例
农民专业合作社成员的权利和义务	一般	容易	一般讲解	
农民专业合作社的组织机构	重点	容易	一般讲解	
农民专业合作社的章程	一般	一般	一般讲授	
农民专业合作社的财产权利	一般	一般	一般讲解	
农民专业合作社的成员账户制度	重点	较难	重点讲授	
农民专业合作社的盈余分配制度	重点	较难	重点讲授	结合案例
农民专业合作社的财务管理制度	一般	一般	一般讲解	

教学、辅导、自学提示　从本单元开始进入农村法规部分学习，这部分内容将与农业、农村、农民问题直接紧密相关。农民专业合作社法具体规定了其法人资格的取得、农民专业合作社及其成员的合法权益、农民专业合作社章程及其制定、加入农民专业合作社需要具备的条件、农民专业合作社成员退社情况及程序等。

学以致用是本课程的教学目的，对于与农民切身利益紧密相关的

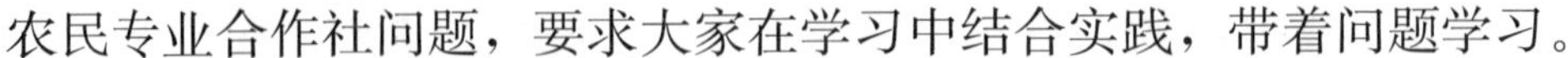

农民专业合作社问题，要求大家在学习中结合实践，带着问题学习。

第十一单元　农村土地承包法律制度及其纠纷仲裁

教学目的　通过本单元的学习，要求大家了解土地承包经营权的法律制度，掌握承包的原则、方式和程序以及承包合同如何订立。辨析土地承包合同纠纷的调解、仲裁与其他民事纠纷处理程序的异同。

教学内容与要求

知识点	重要程度	理解难易程度	教学要求	备注
土地承包经营权的法律特征	一般	容易	一般讲解	
土地承包经营权的登记制度	一般	较难	一般讲解	
土地承包的原则、方式和程序	重点	较难	重点讲授	结合案例
土地承包合同的主体和形式	一般	容易	一般讲解	
土地承包合同的主要条款	重点	容易	一般讲解	
土地承包合同当事人的主要权利义务	重点	较难	重点讲授	
土地承包经营权流转的原则	一般	一般	一般讲解	
土地承包经营权流转合同及流转方式	重点	较难	重点讲授	
土地承包合同纠纷的调解	一般	一般	一般讲解	
土地承包合同纠纷的仲裁	重点	较难	重点讲授	结合案例

教学、辅导、自学提示　农村土地承包制度不仅是农村，也是国家的一项十分重要的法律制度。因此本单元在本课程中占有十分重要的地位，是重中之重。

现实生活中广大农民对这一制度都有切身的体会和经验，如何将自己的感性经验上升到理性认识，需要一个理论学习的过程。既要搞清土地承包权的基本概念，也要掌握制度运行的具体规则和要求，要理论结合实际。

第十二单元　自然资源的法律保护和农业生产资料的使用规定

教学目的　通过本单元学习，要求大家了解自然资源保护的意义和迫切性，掌握农村在自然资源保护方面有哪些主要规定？另一方面，农业生产资料的安全使用关系重大，农民在此方面责任重大，应加强理解自身的责任与义务，掌握法律的相关规定内容。

教学内容与要求

知识点	重要程度	理解难易程度	教学要求	备注
基本农田的法律保护	重点	容易	重点讲授	
禁止弃耕抛荒制度	重点	容易	一般讲解	
林权和林农的权益保护	一般	较难	重点讲授	结合案例
森林资源的保护措施	一般	容易	一般讲解	
农民对保护森林资源的责任	重点	较难	重点讲授	
养殖业制度	一般	容易	一般讲解	
捕捞许可证制度	重点	容易	一般讲解	
渔业资源增殖和保护中各主体的义务	一般	容易	一般讲解	
农药使用的法律规定	重点	容易	重点讲授	
兽药使用的法律规定	一般	容易	一般讲解	
饲料和饮料添加剂经营者的条件和义务	一般	一般	一般讲授	
饲料和饮料添加剂的使用规定	重点	一般	重点讲授	

教学、辅导、自学提示 粮食安全的基本保证是要保护耕地，对耕地保护的重要性要有充分的认识。在保护耕地方面重点要理解和掌握基本农田保护制度、禁止弃耕抛荒制度。

国家颁布了森林法，目的是加强林业资源的法律保护，在此部分要理解森林资源的保护措施，重点掌握农民对保护森林资源的责任，以更好地遵守和执行。

保护渔业资源也有重要意义，通过养殖、捕捞、渔业资源增殖和保护几个关键点的把握，了解国家的渔业资源保护制度。

农药、兽药的使用既关乎生态环境，更关乎人畜安全。从农民自身的角色定位，重点要掌握农药、兽药如何安全使用。

饲料和饮料添加剂的安全使用也需要了解相关规定，为此本单元从经营者与使用者的角度加以介绍和讲解。

第十三单元　动植物检疫和农产品质量安全法律制度

教学目的　通过本单元学习，要求大家了解动物防疫制度是如何通过动物饲养、疫情控制及动物检疫、防疫的具体规定加以落实的。掌握植物疫情的处理措施，以应对现实中可能出现的疫情灾害。此外，还要加强农民对农产品质量安全义务的理解，以化为自觉的行动。

教学内容与要求

知识点	重要程度	理解难易程度	教学要求	备注
饲养动物的注意事项	重点	容易	一般讲解	
动物疫情的报告、通报和公布	一般	容易	一般讲解	
动物疫情的控制和扑灭	重点	较难	重点讲授	结合案例
动物检疫和防疫的保障措施	重点	容易	一般讲解	
植物疫情的处理措施	重点	容易	一般讲解	
农产品生产者的义务	重点	一般	一般讲解	
农产品包装和标识	一般	一般	一般讲解	
农产品市场准入条件	一般	一般	一般讲解	

教学、辅导、自学提示　本单元内容重在学以致用。所以不要求死记硬背条条框框，而应重在理解相关法律规定，并结合自身的情况选择重点加以理解和执行。

无论是动植物检疫制度还是农产品质量安全制度，法律条文规定了各方面主体的义务与责任，学习过程中主要是结合农民自身所处的地位，着重学习和掌握农民在此方面的义务与责任。

图书在版编目（CIP）数据

法律基础与农村法规 / 中央农业广播电视学校组编 . —北京：中国农业出版社，2016. 11 (2022.7重印)
农业农村部农民教育培训规划教材
ISBN 978 - 7 - 109 - 22258 - 8

Ⅰ. ①法… Ⅱ. ①中… Ⅲ. ①法律-中国-技术培训-教材 Ⅳ. ①D92

中国版本图书馆 CIP 数据核字（2016）第 254849 号

中国农业出版社出版
（北京市朝阳区麦子店街 18 号楼）
（邮政编码 100125）
策划编辑 舒 薇 杨金妹 赵 娴

北京通州皇家印刷厂印刷 新华书店北京发行所发行
2016 年 11 月第 1 版 2022 年 7 月北京第10次印刷

开本：720mm×960mm 1/16 印张：18
字数：235 千字
定价：35. 00 元